KB014029

박철범의 하루 공부법

박철범 지음

매일
후회 없이 공부하고픈
학생들을 위한 안내서

다산
에듀

결코 변하지 않는
공부의 본질

『박철범의 하루 공부법』이 처음 출간된 게 2009년이니 어느덧 13년이 지났다. 그동안 나의 삶도 많이 바뀌었다. 2009년에 나는 대학교 1학년이었다. 당시에 나는 책을 출간한 이후에도 꾸준히 나만의 공부법과 습관을 지키며 공부해 왔다. 그 결과 고려대 법대에서 매 학기 전액장학생으로 선발됐고, 변호사 시험도 한 번에 합격했다. 비결이 무엇이냐고 묻는다면 내 대답은 간단하다. 바로, '단 하루'다. 아침에 눈을 뜬 직후부터 밤에 눈을 감기까지, 나는 그저 해왔던 대로 하루를 알차게 보내는 방법들을 매일매일 실천했을 뿐이다.

물론 달라진 것은 나만이 아니다. 대한민국의 수험 현실도 많이 바뛰었다. 일단 대학수학능력시험을 살펴보면, 2005학년도 수능부터 EBS 교재와 연계되어 출제되기 시작했는데 2011학년도 수능부터는 그 연계 비율이 70%까지 치솟았다. 그러다 2022학년도 수능부터 기존의 '70% 직접 연계'에서 '50% 간접 연계'로 영향력이 크게 줄어들었다.

특히 영어의 경우 더 이상 지문 연계는 하지 않겠다고 한국교육과정평가원이 직접 밝혔다. 그러나 일선 고등학교에서는 여전히 EBS 교재를 내신 수업 교재로 활용하고 있다.

한국사는 2017학년도 수능부터 필수가 되었지만 절대평가로 바뀌었기에 난도가 매우 낮아졌다. 영어 역시 2018학년도부터 절대평가로 바뀌어 100점 만점에 90점을 넘으면 1등급이다. 그러나 영어는 시간 내에 풀어야 한다는 어려움이 있다. 따라서 한국사는 1등급의 비율이 37%나 되지만 영어는 그 비율이 5~12% 정도로 여전히 입시에서 영향력이 크다. 그리고 문·이과의 구별이 없어지면서 국어와 수학, 탐구영역에서도 많은 변화가 있었다.

따라서 이번 개정2판에서는 지난 13년 동안 변화된 입시제도와 교과과정 그리고 학교 현실과 학생들의 생활에 맞게 기존 원고를 수정했다. 다만 원작의 주요 메시지는 그대로 보존하려 애썼다. 왜냐면 아무리 시대가 변하고 교과과정이 바뀌더라도 공부의 본질은 언제나 변하지 않기 때문이다.

『박철범의 하루 공부법』이 대한민국에서 공부법 도서로 자리매김하는 동안, 100만 수험생들에게 저자로서 과분한 사랑을 받았다. 그동안 내가 얻었던 행운과 직접 경험했던 행복이 이 책의 독자들에게도 찾아오길, 부디 힘든 과정을 잘 이겨내고 자신이 원하는 모습이 되길 항상 진심으로 기도한다.

2022년 11월

박철범

하루가 바뀌면
공부도 삶도 바뀐다

어느 날 학생인 나는 거울을 보며 한숨을 쉬었다. 아무리 봐도 역시 내 눈썹은 남들보다 희미하다. 잘생긴 남자 연예인들을 보면 모두 눈썹이 진하던데, 내 눈썹은 왜 이렇게 생겨먹었을까? 그러고 보니 볼도 마음에 들지 않는다. 양쪽 볼이 꼭 사탕을 물고 있는 것처럼 볼록하게 생겨서 아무것도 안 먹고 있는데도 친구들이 "혼자 뭐 먹냐?"라고 할 때가 많다.

거울 속 내 얼굴의 다른 부분으로 시선을 옮겨봤다. 하긴, 내 얼굴의 모든 부분이 마음에 들지 않는 것은 아니다. 코는 괜찮은 것 같다. 콧대도 이 정도면 오똑한 것 같고, 콧구멍 크기도 적절하다. 눈도 괜찮은 것 같다. 연예인처럼 예쁜 눈은 아니지만 그래도 축구공의 바람 넣는 구멍처럼 작거나 물에 젖은 양말처럼 처진 눈은 아니니 별로 불만은 없다.

그래, 나는 특별하다. 잘생기지는 않았지만 그래도 특별하다. 세상에 이렇게 생긴 사람은 나뿐일 거야. 물론 어딘가에는 나와 비슷하게 생긴 사람이 있을 수도 있겠지. 그러나 자세히 보면 완전히 똑같지는 않을 것이다. 게다가 그 사람 이름이 '박철범'일 리는 더더욱 없다. 세상에 나는 단 하나뿐이고, 그러므로 나는 특별하다.

그러나 학년이 올라갈수록 나는 불안해졌다. 정말 나는 특별할까? 교실 안만 둘러봐도 나와 똑같은 교복을 입은 녀석들이 수십 명은 있다. 나 같은 학생이 이 학교 건물에만 수천 명은 있을 것이고, 전국에는 수십만 명이 있을 것이다.

◆

모래알 하나. 나는 그저 바닷가의 모래알 하나 같은 존재가 아닐까? 있어도 그만, 없어도 그만인 녀석. 남들보다 잘하는 것 하나 없고 그저 남들 놀 때 따라 놀고 남들 공부할 때 시기, 질투나 하는 평범한 녀석.

불안해진 나는 미래의 내 모습을 상상해 봤다. 계속 지금처럼 흐지부지 살 때 펼쳐질 나의 인생. 뭐 하고 살지? 점수에 맞춰 적당한 대학, 적당한 학과에 들어가서……. 그리고 그다음엔 취직하겠지? 또 그다음엔……? 아니, 취직은 할 수 있을까? 잘리지 않고 계속 다닐 수 있을까?

나는 계속 생각을 이어나가다가 문득 깨달았다. 남들이 보기에는 내가 특별하지 않을 수도 있다는 사실을! 왜냐하면 평범하게 살아온 내가 할 수 있는 일이라면 다른 누구라도 할 수 있기 때문이다. 나는 얼마든지 다른 사람으로 대체될 수 있는 것이다.

그리고 그건 직업뿐만 아니라 사랑도 마찬가지일 것이고, 인생의 다른 부분에서도 마찬가지일 것이다. 나라는 존재는 세상에 단 하나밖에 없지만 남들의 눈에는 얼마든지 다른 사람으로 대체 가능한 별볼 일 없는 녀석일 수 있다.

위험하다. 그렇게 살기는 싫었다. 어떻게 하면 특별해질 수 있을까? 내가 쉽게 이룰 수 있는 일이라면 남들도 쉽게 이룰 수 있다. 그렇다면 만약 내가 뭔가 어려운 일을 해낸다면 그만큼 남들보다 특별해지는 것은 아닐까? 쉽지 않은 이 공부를 내가 해낸다면 나는 그만큼 남들이 쉽게 하지 못하는 일을 해낼 수 있는 사람, 즉 대체 불가능한 사람이 되는 것 아닐까?

그게 시작이었다. 공부에 대한 열정에 조금씩 불이 붙기 시작한 것은 결국 달라지고 싶다는 열망 때문이었다. 평범하게 묻어가는 삶에 지겨움을 느끼기 시작할 무렵, 나는 과거의 나와 달라지고 싶었다.

◆

지금에 와서 보니 그때의 내 생각이 틀리지 않았다는 것을 깨닫는다. 예전의 나는 공부가 지긋지긋해 노는 것에 빠져 살던 평균 이하의 학생이었다. 그러나 지금은 이렇게 후배들이 공부를 좀 더 쉽게 할 수 있도록, 자신의 꿈을 좀 더 쉽게 이룰 수 있도록 돕고 있다. 이건 공부를 잘하면 남들보다 잘난 사람이 될 수 있다는 말이 아니다. 무언가에 열정을 가지고 노력하면 자신이 꿈꾸던 모습을 실현할 기회를 얻게 된다는 말이다.

공부를 잘하면 특별해진다. 평범한 사람들과 다른 엘리트가 된다는 말이 아니다. 당신이 앞으로 하게 될 일이 다른 누군가가 쉽게 할 수 있는 일은 아니게 된다는 뜻이다. 그런 의미에서 당신이 특별해진다는 말이다. 그만큼 인생은 자유로워지고 선택의 폭도 넓어질 것이다.

그 과정은 생각보다 어렵지 않다. 아니, 오히려 재미있다. 공부는,

다른 누구를 위해서 하는 것이 아니지 않은가? 선생님을 위해서도 아니고 부모님을 위해서도 아니다. 나를 위해서 하는 것이고 내가 원하는 삶을 현실로 만들기 위해 하는 것이다. 나만의 미래를 위해 하는 공부는 재미있을 수밖에 없다.

물론 태어날 때부터 머리가 좋은 사람이 있다. 그들은 특별한 노력을 기울이지 않아도 성적이 잘 나오곤 한다. 그런가 하면 타고난 근성과 오기가 있는 사람도 있다. 그들은 힘든 공부의 과정도 쉽게 이겨낸다. 하지만 그런 소수의 특별한 사람들과 자신을 비교하면서 주눅들거나 열등감에 사로잡힐 필요는 없다. 설령 그들이 어려서부터 전교 1등을 놓치지 않다가 어느 대학에 수석으로 들어가고, 졸업한 뒤에는 억대 연봉을 받으며 산다 하더라도, 우리와는 아무런 상관이 없다. 그들이 영어 단어를 하나 더 외운다고 해서 내가 외웠던 단어 하나가 잊히는 건 아니지 않은가?

◆

자신만 바라보자. 그들은 우리의 인생에 영향을 주지 않는다. 경쟁은 사람을 피곤하게 만들고, 비교로 인한 열등감은 끝이 없다. 비교하기 시작하면 나만 손해다. 편하게 공부하는 방법은 간단하다. 남들에게 향해 있는 눈을 자신에게 돌리는 것이다. 우리가 고민해야 할 것은 단 하나. 하늘이 누구에게나 똑같이 선물로 준 '하루'라는 시간을 얼마나 충실하게 보낼 것인가 하는 것뿐이다.

결국, 우리의 삶이라는 것은 '하루'가 모여 만들어지지 않는가? 태양이 뜰 때 열정으로 시작된 하루는 별이 뜨면서 보람과 반성으로 마무리된다. 그 하루를 얼마나 충실하게 보냈느냐에 따라 몇 달 뒤, 혹은 몇 년 뒤 자신의 모습이 달라진다. 남들과는 다른 하루를 사는 사람은 재능 혹은 머리로는 따라잡을 수 없는 탁월한 성과를 거둘 수 있다.

모든 변화의 시작은 남들과는 다른 하루다. 제대로 공부하는 그런 충실한 하루다. 지금부터 이 책에서 이야기할 수많은 조언과 방법은 어떻게 하면 그런 충실한 하루를 보낼 수 있을지에 대한 내 시행착오와 깨달음의 흔적들이다.

미래의 자신을 상상해 보라. 일상에 매여 '해야 하는 일'만을 하면서 억지로 사는 모습이 아닌, 정말로 내가 '하고 싶은 일'을 하면서 자유롭게 사는 모습을. 장담하건대, 당신은 그런 자신의 모습에 분명 만족감을 느낄 것이다. 나는 당신이 그런 모습으로 변해가는 것을 돕기 위해 이 책을 썼다.

이제부터 소개할 여러 방법을 100% 실천에 옮기지는 않더라도 이 이야기들을 바탕으로 자신만의 공부법을 찾길 바란다. 더 효율적인 방법으로 남들과는 다른 충실한 하루를 보낸다면 여러분은 반드시 노력한 대가를 얻을 수 있으리라 믿는다.

차례

CHAPTER
1

하루 공부,
제대로 하는 비결

내신 성적,
철저히 관리하는 비법

슬럼프,
빠르게 탈출하는 방법

CHAPTER
4

과목별 공부법,
실력을 다지는 전략

CHAPTER
5

실전 수능,
100% 정복의 비밀

하루 공부,
제대로 하는 비결

INTRODUCE

매일 1센티미터만
적극적이면 된다

아르마니. 명품 옷과 시계에 별로 관심이 없는 사람이라도 한 번쯤은 들어보았을 것이다. 아르마니는 연간 3조 원 이상의 매출을 올리는 글로벌 패션 브랜드다. 이 회사의 회장이자 전설적 인물인 '조르조 아르마니'는 언젠가 자신의 성공 비결에 대해 이렇게 이야기했다고 한다.

"나는 그저, 매일 1센티미터씩 앞으로 나아가기 위해 도전합니다."

매일 1센티미터. 나는 공부도 마찬가지라고 생각한다. 남들과 다른 결과를 만들어내는 데 필요한 것은 유명 강사의 강의도 아니고 비싼 과외도 아니다. 뛰어난 머리도 아니며 부유한 환경도 아니다. 단지 필요한 것은 '매일 1센티미터라도 꾸준히 나아가는 것'이다. 타인이 던져준 숙제를 억지로 하는 게 아니라 1센티미터만큼이라도 적극적인 마음을 가지고 하루를 사는 것이다. 그러면 놀라운 기적이 일어난다.

이것은 단지 착실하게 공부하는 것과는 또 다른 의미다. 예를 들어 평범한 어느 날의 수업 시간을 상상해 보자. 수업 중에 선생님이 문득 떠오른 듯 말한다.

"참, 애들아! 선생님이 급한 일이 있으니, 너희들 잠시만 자습하고 있어라. 금방 돌아올게."

의아해하는 학생들을 뒤로한 채 선생님은 교실 문을 닫고 어디론가 후다닥 달려간다. 선생님이 나간 뒤에 과연 교실 분위기가 어떻게 바뀔까?

안 봐도 훤하지 않은가? 곧바로 여기저기서 웅성거리기 시작할 것이다. 이윽고 깔깔거리는 웃음소리, 대화를 나누거나 고함치거나 우당탕 장난치는 소리까지 뒤엉켜 교실은 그야말로 난장판이 될 것이다.

흔히 '착실한 학생'이 공부도 잘한다고 한다. 대개는 그렇지만 그것이 공부에서 가장 중요한 덕목은 아니다. 선생님이 없다며 뒤를 돌아다보고 재잘거리는 학생들이 과연 착실하지 않아서 그런 걸까? 만약 선생님이 프린트를 나눠 주며 자기가 없는 동안 풀고 있으라고 했다면 착실한 학생들은 아마 그것을 풀었을 것이다. 웃고 떠드는 그들도 '과제가 주어지면' 착실하게 해내는 학생들이다.

반면에 '진짜 제대로 된' 공부를 할 줄 아는 학생들의 모습은 다르다. 이들은 선생님이 교실 문을 닫고 복도로 나가는 그 순간 가방 속에서 뭔가를 꺼낸다. 그것은 영어 단어장일 수도 있고, 암기노트일 수도 있고,

자기 혼자 풀어나가는 문제집일 수도 있다. 자유 시간이 주어지면 그들은 당연하다는 듯이 '누가 시키지 않은 자기만의 공부'를 한다.

이게 내가 말하고 싶은 핵심이다. 자투리 시간을 잘 활용하자는 뻔한 이야기를 하려는 게 아니다. 자투리 시간에도 책을 펼치는 그 원동력이 무엇인지, 그 마음의 근원이 무엇인지를 말하려는 것이다. 그들로 하여금 선생님이 나가자마자 단어장을 꺼내게 만드는 건 '남들보다 조금만 더 적극적으로 하루를 보내자'는 마음이다. 그리고 그런 학생들은 거의 예외 없이 성적이 가파르게 오른다.

그러니 조급하게 마음먹을 필요 없다. 공부는 조금씩만 하면 된다. 하루에 단어를 10개씩만 외워도, 한 학기가 지나면 1800개 이상을 습득할 수 있는데 그 정도면 사실상 수능 영어 단어를 거의 포함하는 분량이다. 아무도 쉽게 따라갈 수 없는 현격한 차이도 결국은 1센티미터 다른 하루에서 시작되는 것이다.

이제 1장에서 나는 남들보다 1센티미터 더 적극적으로 하루를 보낸다는 것이 과연 어떤 의미인지 말하려고 한다. 하루 공부에는 '흐름'이 있는데, 그 흐름이 얼마나 효율적이냐에 따라 남들은 두세 번 공부해야 할 분량도 한 번에 끝낼 수 있다. 그리고 그만큼 성적을 올리는 데 걸리는 기간은 줄어든다.

학생 대부분의 하루는 '아침 공부 → 수업 → 쉬는 시간 → 저녁 자습 시간 → 휴식과 수면'으로 이어질 것이다. 물론 학원이나 인터넷 강의,

과외 같은 일정이 있다면 달라지기도 하겠지만, 기본적인 흐름은 비슷하다. 사실 이렇게 이어지는 하루의 흐름만 제대로 관리해도 성적을 올리는 데 필요한 것은 모두 갖춘 셈이다.

불가능해 보이는 성적 향상도 잘 살펴보면 뭔가 특별한 이유가 있다. 이제 다음 페이지부터 나의 하루를 시간대별로 소개하며 그 비결을 말해주려고 한다. 물론 내가 말하는 것 중에는 귀에 못이 박힐 만큼 많이 들어본 이야기도 있을 것이고, 처음 들어보는 공부법도 있을 것이다. 어떻게 받아들이든, 당신도 꼭 한 번 실천해 보기를 바란다.

다시 말하지만 필요한 것은 단지 '1센티미터의 적극성'이다. 이제부터 이야기할 팁들을 적극적으로 실천하는 사람은 불필요한 시행착오를 줄이고, 빠르게 자신의 꿈에 가까워질 수 있다고 믿는다.

비결 01

잠을 자야
꿈을 이룬다

평범한 학생들의 하루는 거의 비슷하다. 5분만 더 자면 지각할 시간에 일어나는 것으로 하루를 시작한다. 시간이 촉박하고 입맛도 없으니 아침밥이 넘어갈 리 없다. 헐떡이며 학교에 도착해서 친구들과 얘기 좀 하다 보면 곧바로 수업이 시작된다.

예습이 돼 있을 리 없다. 아니, 시간이 있어도 하고 싶지 않다. 학교 선생님보다 학원 선생님이 백 배는 더 잘 가르쳐주고, 인터넷에 들어가면 그보다 훨씬 잘 가르쳐주는 선생님이 널려 있다. 저렴한 돈으로 명쾌한 강의를 들을 수 있다. 그러니 학교 수업이 귀에 들어올 리 없고 잠만 쏟아진다.

쉬는 시간이 되면 바로 엎드려 잔다. 잠이 안 오면 친구들과 웃고 떠들며 이야기한다. 다음 수업이 시작되면 졸면서 듣다가 딴생각을 하기도 한다. 그렇게 오전과 오후가 지나고 저녁 무렵이 되면 드디어, 머리가 맑아지기 시작한다.

중학교냐 고등학교냐에 따라 이후 스케줄이 다르겠지만 어쨌든 지금부터는 그런대로 공부가 잘된다. 이상하게 저녁에 듣는 학원 수업은 학교 수업보다 귀에 더 잘 들어온다. 밤에 독서실에서 하는 공부도 낮에 학교에서 하는 것보다 집중이 더 잘된다. 그러나 공부가 잘되는 이 시간은 너무 짧다. 두어 시간 공부했을 뿐인데 벌써 밤 12시다.

공부하던 책을 모두 가방에 집어넣고 집으로 향한다. 집에 가면 이것도 하고 저것도 해야지 계획하지만 도착해서 제일 먼저 하는 일은 핸드폰을 들여다보는 것이다. 오자마자 핸드폰만 보느냐고 소리치는 부모님에게는 공지사항 확인할 것 있어서라고 투덜거리지만 나도 이런 내가 한심하다.

큰일 났다. 연예인 기사 몇 개만 봤을 뿐인데 벌써 한 시간이나 지났다. 씻고 와서 제대로 공부해야겠다고 마음먹어 보지만 시각은 이미 1시가 훌쩍 넘었다. 책상 앞에 앉아서 책을 들여다본다. 그런데 참 이상한 일이다. 조용하고 차분한 분위기이긴 한데 왠지 공부가 잘 안 된다. 점점 정신이 혼미해진다.

'그래! 버티자. 잠을 자면 꿈을 꾸지만 공부를 하면 꿈을 이룬다고

하지 않았는가!'

하지만 시각은 어느덧 2시가 다 돼가고 쏟아지는 잠을 이제는 거부하기 힘들다. 그러나 이대로 잠들기엔 왠지 억울하다. 온종일 공부에 시달린 것 같은데 생각해 보면 실제로 한 건 별로 없다. 이제부터라도 진짜 내 공부를 하고 싶은데 핸드폰의 유혹과 쏟아지는 잠에 휘둘리다 결국 침대로 쓰러진다. 그리고 정신을 차려보면 5분만 더 자면 지각할 시간이 되고, 그렇게 어제와 같은 하루가 이어진다.

◆

우리는 왜 밤늦게까지 공부를 하려는 걸까? 공부 시간이 부족한 것 같아 불안하기 때문이다. 그런데 정말 공부 시간이 부족할까? 대부분 학생은 아침부터 밤까지 공부한다. 그런데도 공부 시간이 부족하다고 느낀다면 뭔가 잘못된 게 아닐까?

사실 누구라도 공부 시간은 부족하지 않다. 깨어 있는 시간을 밀도 있게 쓰지 못하기 때문에 잠을 줄여야겠다는 충동이 생기는 것이다. 요컨대, 잠을 줄여야겠다는 생각이 드는 것은 낮에 하는 공부에 문제가 있다는 말이다.

성적을 올리기 위해서 밤늦게까지 공부할 필요는 없다. 아니, 그러면 안 된다. 그건 불필요하게 고생하며 공부하는 것이다. 하루를 효율적으로 그리고 제대로 보낸다면 일찍 잠들고도 그리고 푹 자면서도 원하는 만큼 성적을 올릴 수 있다.

물론 푹 자기만 해서는 당연히 성적이 오를 리가 없다. 충분히 자야 한다는 사실보다 더욱 중요한 것이 있다. 그것은 일찍 잠이 들지 않고서는 버틸 수 없을 만큼 하루를 제대로 보내야 한다는 사실이다.

일단 아침에 눈을 뜨면 일분일초, 매 순간 집중해서, 마치 '폭풍이 몰아치듯' 공부를 하자. 그리고 피곤해서 더는 공부할 수 없을 때까지 모든 체력을 그야말로 소진시켜라. 즉 '잠을 푹 자라!'라는 내 조언의 진짜 의미는 '잠을 푹 자지 않으면 버틸 수 없을 정도로, 낮에 밀도 있게 공부하자!'라는 뜻이다.

◆

어떤 학생이 그날 하루 제대로 공부했는지는 저녁 10시에 그의 눈을 보면 알 수 있다. 초롱초롱하다면 뭔가 잘못된 것이다. 아침부터 지금까지 온 힘을 기울여서 제대로 공부했다면 그 시간에 눈이 초롱초롱할 리가 없다.

나는 저녁 10시에 마치는 야간 자율학습 시간도 버틸 수 없어서 9시만 되면 몰래 도망가고는 했다. 그리고는 곧장 집으로 가서 말 그대로 시체처럼 늘어져 잤다. 그렇게 공부하며 한 학기 만에 1등이 됐지만 내 이야기를 들은 학생들은 의아해하며 묻는다.

"어떻게 그렇게 일찍 잠들고도 성적이 올랐어요?"

그러면 나는 대답한다. 일찍 잠들고도 성적이 오른 게 아니라 일찍 잠들었기 때문에 성적이 올랐다고. 저녁 9시, 10시만 되면 더는 공부를 할 수 없을 만큼 온종일 밀도 있게 보냈기에 성적이 올랐다고.

되도록 11시에는 잠들 것을 권한다. 그리고 잠은 7시간 이상을 자는 것이 좋다. 늦어도 12시 전에는 반드시 잠들자. 12시 전에 자는 한 시간이 그 이후에 잘 때보다 두세 배의 숙면 효과가 있다는 연구 결과도 있다. 시간이 아깝다면 늦게 자는 대신, 차라리 일찍 일어나 보라.

제대로 공부하는 하루는 제대로 자는 것에서 시작된다고 나는 믿는다. 다음 날 공부의 질은 그 전날 얼마나 숙면을 했는지에 따라 결정되기 때문이다. 우리의 하루는 침대에서 일어나면서부터 시작되는 게 아니다. 그 전날 잠을 자는 순간부터 새로운 하루가 이미 시작된 것이다.

비결 02

아침의 30분은
황금의 시간이다

필요한 만큼 푹 잤다면 눈을 뜬 직후에는 '아침 공부'를 하는 게 좋다. 물론 제시간에 일어나는 것이 가장 중요하다. 이때 침대에 누워서 '일어날까? 아니면 좀 더 잘까?' 하고 고민하면 100% 못 일어난다. 그냥 '앗! 아침이잖아?!' 하고 아무 생각 없이 벌떡 일어나야 한다.

나는 아침에 일어나자마자 일단 눈을 감은 채로 내 몸을 화장실로 던졌다. 물론 정신은 아직 꿈과 현실 사이에 있지만 어쨌든 그렇게 비몽사몽간에 씻는다. 머리를 감을 때 얼굴로 흘러내리는 물과 아직 가시지 않은 잠 때문에 눈을 못 뜨지만 수건으로 머리카락을 털 때쯤이면 어느덧 영혼은 완전히 현실로 돌아와 있다.

그리고 책상에 앉아 책을 펼쳐 들었다. 아침에 하는 공부로는 수학만 한 것이 없다. 깊은 응용력을 요구하는 어려운 문제가 아니라 간단한 계산 위주의 문제를 풀었다. 그렇게 몇 장 풀다 보면 머리는 100% 맑은 상태가 된다.

슬슬 머리가 돌아간다 싶으면 이제는 평소에 내가 어려워하던 공부를 한다. 어떤 과목을 공부하는지는 상황에 따라 달랐다. 한때는 한국사가 어려워서 한국사 교과서를 읽기도 했고, 영어듣기 점수가 안 나올 때는 영어듣기 모의고사를 풀기도 했다. 수능 공부를 할 때는 주로 수능 국어 모의고사를 풀었다. 신기하게도 어떤 과목이든 아침에 공부하면 그 과목의 성적은 예외 없이 크게 향상되곤 했었다.

◆

잠에서 깬 후 학교로 출발하기 전 최소한 30분만이라도 아침 공부를 해보라. 이 조언을 흘려듣지 말고 꼭 실천해 보기 바란다. '쳇, 30분 공부해 봤자 얼마나 하겠어? 차라리 잠을 더 자고 말지'라고 생각하지 말고 반드시 따라 해보기를 권한다.

만약 7시 반에 일어나서 허겁지겁 학교로 뛰어가곤 했다면 내일부터는 7시에 일어나는 것이다. 물론 이것은 일찍 잠들어야 가능한 일이다. 아침에 일찍 일어나기 위해서라면 저녁 10시에 잠들어도 상관

없다고 나는 생각한다. 나 같은 경우도 11시 전에는 무조건 잠들려고 노력했고, 수능을 한 달 앞두고서는 오히려 그 시간을 앞당겨 10시 30분에는 잠들었던 것으로 기억한다. 심지어 일요일 저녁에는 시간을 더 당겨 저녁 9시에 잠들었다. 한 주의 시작인 월요일은 특히 더욱 남들보다 일찍, 그리고 상쾌하게 일어나고 싶었기 때문이다.

아침에 하는 공부가 능률이 매우 높다는 것은 여러 연구 결과를 통해 증명된 사실이다. 그중 몇 가지를 인용할 수도 있겠지만 내 경험을 이야기하는 것이 가장 좋을 것 같다. 아침에 공부를 해보니 능률도 능률이지만 마음가짐이 달라졌다. 남들보다 일찍 일어나서 공부한다는 사실에 뿌듯했다. 보이지 않는 곳에 숨어서 남들보다 일찍 노력한다는 사실이, 마치 정상을 향해서 제일 먼저 뛰어가는 사람의 이마에서 느껴지는 바람처럼 나를 기분 좋게 했다.

아침에 그렇게 30분만이라도 공부를 하고 학교로 출발하는 사람은 하루가 다를 수밖에 없다. 달콤한 잠을 포기하고 용기 있게 벌떡 일어나 화장실로 자신의 몸을 던진 사람이라면 쉬는 시간에 친구들과 웃고 떠들거나 수업 시간에 꾸벅꾸벅 졸 리가 없다. 아침 공부는 하루를 제대로 살게 하는 출발점이다. 반드시 실천해 보기를 바란다.

공부 효율을
두 배로 높이는 예습법

　나는 수업을 듣기 전에 반드시 예습을 했다. 그런데 내 주위에는 예습한답시고 아직 배우지도 않은 교과서의 내용을 몇 번이고 반복해서 읽는 친구가 있었다. 수학 같은 경우 진도 나갈 범위의 모든 문제를 미리 풀어두는 식이었다. 그러면서 공부가 너무 힘들다고 투덜대곤 했었다. 나는 '저렇게 공부해서는 오래 못 갈 텐데?'라고 생각하며 옆에서 그 친구를 가만히 지켜보았다.

　아니나 다를까 그 친구는 수업 시간에 제대로 집중하지 못했다. 다 풀어놓은 문제집 위로 팔짱을 낀 채로 수업 시간 대부분을 꾸벅꾸벅 졸곤 했다. 예습을 너무 완벽하게 하는 바람에 정작 수업 시간에는 배울 것이 없어져 버린 것이다.

물론 공부를 아예 안 하는 것보다야 낫겠지만 효율적인 방법이라고는 할 수 없다. 그렇게 해서는 혼자 공부하는 것과 별반 다를 게 없지 않겠는가? 아니, 혼자 공부하는 것보다 오히려 효율이 떨어지는 공부법이다. 혼자 공부하면 최소한 하루의 절반을 꾸벅꾸벅 졸지는 않을 테니까.

◆

예습은 선행학습이 아니다. 선행학습이란 말 그대로 미리 공부해 두는 것이다. 완벽히는 아니더라도 대략 80% 이상의 내용을 미리 공부해 두는 것이 선행학습이다. 반면에 내가 말하는 예습이란 '공부'가 아니다. 공부라기보다는 오히려 공부할 내용을 '확인'하는 정도에 가깝다.

가장 좋은 예습 도구는 기출문제다. 많은 학생이 기출문제를 시험에 대비할 때만 활용한다. 물론 시험 치기 직전에 기출문제를 보는 것은 효과가 크다. 그러나 더 큰 효과를 거둘 수 있는 방법은 기출문제를 평소에, 그것도 수업을 듣기 직전에 보는 것이다.

물론 아직 배우지도 않은 내용이니 기출문제를 봐도 풀 수 있을 리 없다. 그러나 나는 풀기 위해서 기출문제를 보는 것이 아니다. 오늘 배울 부분에서 중요한 내용은 무엇인지, 시험에 출제되는 것들은 어떤 것인지 확인하기 위함이다.

예를 들어 오늘 영어 수업 시간에 4단원 본문을 배운다고 치자. 그러면 수업 시작 직전에 기출문제를 보면서 해당 부분에서 어떤 문제가 출제됐는지 본다. 만약 현재완료의 여러 용법을 구별하는 문제가 나왔다면 선생님이 그 부분을 설명할 때 더욱 집중해서 들을 수 있다. 만약 가정법 시제를 묻는 문제가 나왔는데 그 부분이 언뜻 보기에도 어려운 것 같다면 '수업 시간에 이 부분을 집중해서 듣고 필기도 잘해 봐야겠다'라며 준비할 수 있다.

이렇듯 내가 했던 예습이란 미리 공부해 두는 것이 아니라 곧 있을 수업의 내용을 확인하는 작업이었다. 그리고 이 과정은 기출문제가 있으면 훨씬 쉬워진다. 하지만 만약 기출문제를 못 구했다고 하더라도 크게 상관은 없다. 수업이 시작되기 전 5분만이라도 오늘 배울 내용을 넘겨 보면서 '이것이 중요할 것 같다' 혹은 '이 부분은 어려울 것 같다' 정도의 생각만 해둬도 크게 도움이 된다. 이렇게 수업을 준비하면 수업의 집중도가 훨씬 높아진다.

이제부터는 쉬는 시간에 기출문제를 보면서, 수업 내용에 관한 질문을 하나만이라도 미리 생각해 보라. 그러면 타율적으로 그저 듣기만 하는 수업이 아니라 내가 부족한 부분을 채우려는 적극적인 수업이 된다. 똑같이 교실에 앉아서 수업을 듣는다고 해도 성과가 다를 수밖에 없는 이유다.

비결 04

수업을 100% 활용하는 4가지 비결

놀면서도 공부를 잘하는 학생들이 있다. 쉬는 시간에 친구들과 떠들고 특별한 사교육을 받지 않으면서도 성적은 잘 나오는 친구들이 분명히 있다. 실제로 나도 그런 친구들을 자주 봤다. 그 친구들과 나 자신을 비교하며 열등감에 빠지기도 했고, 놀면서도 성적이 잘 나오는 이유가 무엇인지 궁금해하기도 했다.

물론 머리가 좋아서였을 수도 있겠지만 그들 모두가 그런 것은 아니었다. 유명 강사의 강의를 듣거나 과외를 받는 친구들도 있었지만 또 모두가 그런 것은 아니었다. 그러나 그들 사이에는 한 가지 공통점이 있었다. 그들은 모두 수업 시간에 집중하는 학생들이었다.

내가 이렇게 말하면 많은 학생들이 "어? 나도 수업 잘 듣고 있는데? 근데 나는 왜 그래?"라고 반문할지도 모르겠다. 그러나 가만히 앉아서 선생님의 입에서 나오는 '소리'를 수동적으로 듣는 것과 수업을 제대로 듣는 것은 전혀 다른 일이다. 수업을 진짜 제대로 들었다면 수업이 끝날 때마다 아마 탈진 상태에 이르게 될 것이다. 그게 진짜 제대로 수업을 들었다는 증거다.

또 누군가는 이렇게 항변할지도 모르겠다. "어차피, 학교 선생님보다 학원 강사나 인터넷 강좌의 강사가 더 잘 가르쳐 준다. 그런데 굳이 잘 가르치지도 못하는 학교 선생님의 수업에 집중해야 하는 이유가 뭐냐?" 이렇게 묻는 학생들에게는 너무나 당연한 이야기를 또다시 할 수밖에 없다.

내신시험의 출제자는 바로 학교 선생님이다. 방대한 교과서의 내용 중에 어떤 것이 중요한지 판단하는 사람은 명쾌한 강의를 하는 학원 강사가 아니라 실없는 농담을 자주 하는 우리 학교 선생님이다. 그 사실을 다시 한번 기억한다면 점수에 직결되는 공부의 열쇠는 바로 수업 시간에 있음을 새삼 깨닫게 된다.

수업을 제대로 듣는 것만큼 중요한 공부 요령은 없다. 또한 그 중요성만큼이나 여기에는 많은 요령이 존재한다. 지금부터 말하는 '수업을 제대로 듣는 요령'을 꼭 실천해 보기 바란다.

1. 앞자리에 앉아라

내가 공부를 열심히 하기로 마음먹은 후로 가장 먼저 한 행동은 교실의 제일 첫째 줄 혹은 둘째 줄에 앉는 것이었다. 이건 내가 이 책에 쓴 공부에 관한 팁들 중에서 중요도로 따지면 다섯 손가락 안에 들 만한 충고다.

뒤에 앉을수록 수업의 집중도가 현저히 떨어진다. 선생님의 눈에 띄지 않는다는 사실이 긴장을 풀리게 만들고 딴짓하게 만든다. 게다가 뒤에 앉으면 시선이 분산된다. 선생님을 보고 있다가도 누군가 움직이면 그곳에 시선이 가게 된다. 집중력이 깨지는 것이다.

또 뒤에 앉으면 선생님의 표정을 읽기가 힘들다. 수업을 제대로 듣기 위해서는 선생님의 말뿐만 아니라 표정이나 뉘앙스 같은 사소한 부분에도 집중할 필요가 있다. 평소보다 힘주어 말한다든가, 좀 더 진지한 표정으로 강조하는 부분은 거의 100% 시험에 출제된다. 뒤에 앉으면 그런 중요한 힌트들을 모두 놓치게 된다.

반면 앞에 앉으면 마음가짐부터 달라진다. 뭔가 남들보다 앞서 나간다는 느낌에 수업을 듣는 자세도 적극적으로 변하게 된다. 선생님과 눈을 마주칠 기회도 많아져서 마치 일대일 개인지도를 받는 느낌도 든다.

그런데 바로 그런 점 때문에 앞자리가 싫다는 학생도 있다. 선생님과 눈이 마주치는 것도 부담되고 내가 조금만 딴짓을 해도 금방 선생님의 눈에 띄니 불편하다는 것이다. 게다가 앞자리에 앉으면 대답하기 힘든 질문을 받을지도 모른다.

그러나 그게 성적을 올리는 가장 빠른 길이다. 공부할 때는 어느 정도의 긴장감을 가져야 하는데 앞자리에 앉으면 저절로 그렇게 된다. 스스로 힘들게 마음을 다잡을 필요가 없어진다. 언뜻 보면 매우 불편한 자리 같지만 사실은 공부하기에 가장 편한 환경인 것이다.

2. 책이 아닌 선생님의 눈을 보라

선생님이 교과서를 줄줄 읽고 있는 것이 아니라면 내 귀로 들어오는 선생님의 '말'과 내 눈앞에 놓인 책에 적힌 '글자'가 정확히 일치할 리가 없다. 머리가 정말 좋은 학생들은 선생님의 말씀에도 집중하고, 눈앞에 있는 책의 내용에도 집중하는 것이 가능할지 모르겠다. 그러나 대부분 학생은 불가능하다고 믿는다. 그건 나 역시도 마찬가지였다.

수업을 제대로 듣는 것의 첫 단계는 수업 시간에는 무조건 '앞을 보는 것'이다. 책을 보고 있으면 의외로 잡생각이 쉽게 떠오른다. 잡생각을 떨쳐버리고 눈앞에 펼쳐진 책에서도 시선을 떼자. 선생님이 말할 때는 앞만 바라보고 선생님의 입에서 나오는 말에만 집중하는 것이 수업을 제대로 듣는 자세다.

눈을 깔고 있으면 마음은 편하다. 그러나 그것은 공부에 전혀 도움이 되지 않는 편안함이다. 내가 딴생각을 해도 선생님이 모를 거라는 생각에 편안해지는 것이다. 그러나 앞을 보면 가끔 선생님과 눈이 마주치게 되고 어쩔 수 없이 긴장하게 된다. 선생님과 눈을 마주친다는 그런 불편함이 집중력도 만들어주며, 충실하게 수업을 듣게 해주는 것이다.

3. 수업이 이해되지 않더라도 포기하지 말자

나는 기초가 없을 때 수업을 포기하고 싶다는 충동을 자주 느꼈다. 이해도 되지 않는 수업은 그냥 포기하고 차라리 귀를 막고 내 공부를 따로 하고 싶다는 충동 말이다.

하지만 그 충동에 굴하지 않고 어떻게든 수업을 따라가려고 애쓴 것이 빠른 성적 향상의 비결이었다고 생각한다. 만약 수업을 포기하고 내 공부만 하겠다고 덤볐다면 나는 졸업할 때까지 수업 진도를 따라가다가 지쳐버렸을 것이다.

당연한 말이지만 수업 시간엔 수업에 충실해야 한다. 기초가 부족하다면 자습 시간을 이용해서 보충해야지, 수업 시간에 다른 문제집을 펴놓고 공부하면 안 된다. 수업은 수업대로 충실히 듣고, 모자란 부분은 따로 보충을 해야 효율적인 공부가 된다. 그리고 그게 성적을 올리는 가장 빠른 길이다.

물론 처음부터 차근차근 공부하는 편이 낫겠다는 생각을 이해 못하는 것은 아니다. 하지만 아무리 기초가 중요하다고는 해도 그건 수업을 포기할 만큼 중요하지는 않다. 그러니 어려워도 일단 수업을 듣자. 그럼 나중에 혼자 공부할 때 반드시 도움이 된다. '자주 등장하는 용어만이라도 익혀두자'라는 마음으로 들으면, 수업의 내용이 금방 잊히는 것 같아도 나중에 스스로 공부할 때 되살아난다.

4. 상위권 학생이라면 여러 교재를 펼쳐놓고 폭넓게 들어보라

수업은 보통 그 반의 중위권 학생들의 수준에 맞게 진행된다. 따라서 상위권 학생들이라면 이미 알거나 너무 쉬운 내용으로 수업이 진행되기 때문에 집중하기가 힘들 수 있다.

그럼 어떻게 해야 할까? 수업 시간에 다른 과목 문제집을 펼쳐놓고 내 공부를 따로 해야 할까? 절대로 그렇지 않다. 아무리 최상위권이라 하더라도 수업을 등한시해서는 공부 효율이 크게 떨어진다.

나는 선생님의 설명이 내 수준보다 쉽다고 여겨질 때 여러 교재를 펼쳐놓고 이 책 저 책을 참고하면서 폭넓게 수업을 들었다. 물론 선생님이 설명하고 있는 부분과 같은 진도다. 예를 들어 '조선 시대의 문화'에 대한 수업이라면 해당 역사 교과서뿐만 아니라 프린트물이나 다른 참고서 혹은 문제집을 같이 펼쳐놓고 선생님의 설명과 비교·대조하면서 듣는 것이다. 그러면 선생님이 어떤 부분을 중요하게 설명하고, 어떤 부분은 건너뛰는지 확실히 알 수 있다.

여러 교재를 동시에 눈으로 훑어보면 선생님이 설명을 안 하고 넘어가는 부분을 채워 넣을 수도 있다. 이렇게 적극적으로 수업을 들으면 확실히 힘들고 지친다. 그러나 이미 알고 있는 내용이라며 팔짱 끼고 수업을 듣는 상위권 학생과 이것저것 참고하면서 내게 부족한 부분을 찾으려 노력하면서 수업을 듣는 상위권 학생 중에 과연 누가 최상위권으로 뛰어오를지는 자명한 사실이다.

비결 05

선생님을 대하는 자세가 달라져야 한다

특정한 선생님이 좋아졌다면 그 과목의 성적은 거의 100% 오른다고 보면 된다. 나는 심리학자가 아니라서 그 정확한 이유는 모르겠지만 어쨌든 그렇다는 것은 안다. 수업에 더욱 집중하기 때문인지, 그 과목에 대해 좋은 인상을 가져서인지는 모르겠지만 확실히 선생님이 좋아지면 그 과목을 잘하게 된다.

1. 선생님의 장점을 찾아보자

이 점을 이용하자. 물론 선생님들 중에는 감정적으로 학생들의 반발심을 불러일으키거나 수업 진행이 매끄럽지 못한 분도 있기는 하다. 그러나 선생님이 마음에 들지 않으면 피해를 보는 것은 본인이다. 그러므로 어떻게든 선생님의 장점을 찾아내서 그 선생님을 좋아해야 한다.

나는 한때 독일어 선생님이 마음에 들지 않았다. 산적같이 생긴 얼굴도 얼굴이지만 성적을 가지고 학생들을 차별하는 점이 특히 싫었다. 그러나 나는 선생님의 장점을 찾으려 애썼고, 좋은 점만 기억하려고 노력했다. 그 선생님은 인간적으로는 정말 착한 분이었다. 특히 내가 질문을 들고 찾아가면 전혀 귀찮아하지 않고, 내가 질문하지 않은 것까지 성심껏 가르쳐 주었다.

"이 부분은 이렇게 되니까 그런 거야. 그런데 시험에서 중요한 것은 아니니 그렇게 깊게 공부하지 않아도 상관없어. 정말 중요한 것은 다음 페이지에 있는 내용들이니까 이걸 중점적으로 공부하는 게 좋아."

이런 식으로 자세하게 설명해 주곤 했다. 나는 그런 친절한 모습만을 기억하려고 애썼고 독일어 선생님은 좋은 분이라는 자기암시를 걸었다. 덕분인지 독일어를 싫어하던 나였지만 시험만 치면 항상 고득점을 받아서 나 자신도 의아했던 적이 있었다.

특정한 선생님이 싫어졌다면 큰일 난 셈이다. 그 과목의 성적이 떨어져도 그 선생님은 아무런 책임을 지지 않는다. 나만 손해다. 그러므로 최대한 빨리 그 선생님의 장점을 찾아내서 좋아하는 수밖에 없다.

그게 안 된다면 최소한 싫어하지는 말아야 한다. 옷을 잘 입고 다닌다 든지, 웃을 때 이빨이 가지런해서 보기 좋다든지, 수업은 영 아니지만 질문에 대답은 잘해준다든지, 무엇이라도 좋으니 장점을 찾아서 기억 하는 것이 좋다. 선생님을 위해서가 아니라 바로 나 자신을 위해서 말 이다.

2. 선생님의 말씀을 반복해 보자

가만히 앉아서 수업을 듣기만 하면 누구나 잡념이 생긴다. 잡념에 빠져 있다 보면 어느새 수업 진도는 내가 이해할 수 없는 부분까지 넘 어가 있다. 그런 일을 막고 집중을 유지하는 좋은 방법이 있다. 선생 님이 말할 때마다 머릿속으로 그 말을 빠르게 반복해 보는 것이다. 예 를 들어 선생님이 "포함외교라는 것은 강대국이 약소국에 함대를 보 내 압박을 가하는 방식의 외교를 말한다"라고 말했다면 머릿속으로 그 말을 빠르게 반복해 보자.

'포함외교란 강대국이 함대로 약소국을 위협하는 것'

이런 식으로 문장을 머릿속으로 반복하면 그것만으로도 머리가 꽉 차서 잡생각이 들어올 틈이 없어진다. 게다가 즉석에서 복습하는 셈이니 머릿속에 내용이 확실히 각인된다.

3. 선생님의 질문에 큰 소리로 대답하자

마지막으로 선생님의 질문에는 가급적 큰 소리로 대답하는 것이 중요하다. 물론 선생님이 내게 질문하면 어쩔 수 없이 대답을 해야겠지만 그게 아니라 선생님은 가끔 반 전체 학생들을 향해 질문하는 때도 있다. 그런 때 대부분 학생은 선생님과 눈을 마주치지 않기 위해서 시선을 책으로 돌리고는 한다. 하지만 이런 때 비록 부끄럽더라도 큰 소리로 대답을 하면 그 효과는 엄청나다.

언젠가 영어 수업을 들을 때의 일이다. 그날따라 왠지 집중이 안됐던 나는 수업 시작부터 잡념에 빠져 있었다. 선생님의 말씀은 외계어로만 들렸고 내 머릿속은 멍한 상태가 되었다. 그 와중에 오로지 드는 생각이라고는 배가 고프다는 것뿐이었다.

"이때 여기 빈칸에 들어갈 적절한 말은 뭘까?"

희미해져 가는 내 정신 너머로 어렴풋하게 질문이 들렸다. 나는 장난기가 발동하여 큰 소리로 "잇(eat)"이라고 외쳤다. 정답을 알았기 때문이 아니라 배가 고파서 머릿속에 그 단어밖에 없었기 때문이었다. 그런데 선생님의 반응은 내 귀를 의심하게 만들었다.

"정답이다! 철범이 눈이 맛이 가 있기에 딴생각하는 줄 알았는데 의외로 수업에 집중하고 있었구나!"

나는 너무 놀라 어떻게 내가 아무렇게나 말한 영어 단어가 정답이 됐는지 의아해하고 있었다. 그런데 선생님께서 빈칸에 쓰는 단어는 '먹다'라는 뜻의 'eat'이 아니라, 가주어 'It'이었다. 말 그대로 소 뒷걸음 질치다가 쥐를 잡은 격이었다.

중요한 것은 그다음부터다. 분명 좀 전까지만 해도 졸음이 쏟아지고 집중이 하나도 안됐는데 갑자기 눈이 또렷해지고 집중력이 최고조로 발동되는 것이 아닌가? 이유는 분명했다. 질문에 대답했던 행동이 잠들어 가던 내 머리를 다시 회전시켰던 것이다. 그것도 최고 속도로 말이다.

그 후로 나는 선생님이 질문을 할 때마다 큰 소리로 대답하곤 했다. 그럴 때마다 집중력이 높아지는 것은 물론이고 선생님도 더욱 신바람이 나서 수업을 하게 된다는 사실을 깨달았다. 학생들 역시 그런 선생님의 모습을 보면 존경심이 생기게 되는 것 같다.

하나 주의할 점이 있는데 수업이 끝나갈 무렵에는 이 방법을 쓰면 안 된다. 만약 그럴 경우, 쉬는 시간 종이 울려도 신바람을 내며 수업을 계속하는 선생님의 모습을 보게 될 것이다. 종이 울렸는데도 수업이 계속되면 짜증이 나고 배가 아프며 얼굴로 열이 올라오면서 선생님의 말이 하나도 귀에 들어오지 않는 것은 나 역시도 마찬가지다.

성적을 올리는
필기의 원칙

효율적인 필기법을 말하기에 앞서 중요한 점 하나를 먼저 짚고 넘어가려고 한다. 그것은 필기를 효과적으로 하려면 예습부터 제대로 되어 있어야 한다는 사실이다. 예습해야만 선생님이 지금 하는 말이 단순히 교과서에 있는 말을 반복하는 것인지, 아니면 부연 설명을 하는 것인지 알 수 있다.

예습하지 않으면 수업 내용 대부분이 모르는 내용일 테니 필기할 분량이 많아지게 된다. 그러면 필기하느라 정작 선생님의 설명을 듣는 것에는 소홀해진다. 나중에 혼자 공부할 때 필기가 된 부분을 펼쳐 보지만 '도대체 이게 무슨 말이지?' 하고 내가 쓴 말임에도 이해가 되지 않는다. 필기만 열심히 했을 뿐 설명을 제대로 듣지 않았기 때문이다.

예습을 제대로 하지 않았을 때는 수업 시간에 내 손도 무척 바빴다. 선생님의 말은 모두 중요한 것 같아서 받아 적느라고 정신이 없었다. 그러다 보니 교과서에 뻔히 있는 내용을 그 옆 여백에 반복해서 적은 적도 많았다. 내가 수업을 주도하는 게 아니라 수업이 나를 끌고 가고 있었다. 고생은 고생대로 하고 성적도 오르지 않았다.

그런데 짧게라도 예습을 하고 수업에 들어가니 필기하는 양이 훨씬 줄어들었다. 예습하면서 의문을 가졌던 것 위주로만 필기하니 선생님의 설명에 더욱 집중할 수 있게 되었고, 생각할 여유도 생겼다. 필기하는 양이 훨씬 줄었음에도 성적은 오히려 가파르게 올랐다.

◆

참고로 필기노트는 따로 만들지 않는 것이 좋다. 어차피 대부분 내용이 교과서나 참고서에 적혀 있기 때문이다. 교과서나 참고서에 있는 내용이라면 굳이 필기할 필요가 없을 것이다. 중요한 부분이라 여겨진다면 그저 밑줄을 긋거나 별표를 치면 된다.

나는 수업을 들으면서 필기해야 할 부분은 필기노트가 아닌 교과서 여백에다 적어두었다. 그러면 그 교과서 한 권만으로도 시험 준비가 가능하다. 내가 공부해야 할 모든 것이 그 안에 있으니까 말이다.

물론 이런 식으로 주교재에 필기하면 책을 잃어버릴 때 시험 준비에 큰 타격을 받는다. 그러므로 보안(?)에 각별히 신경 쓰는 것이 좋을 것이다.

그리고 교과서에 필기할 때는 '포스트잇'을 반드시 준비해 두는 것이 좋다. 여백에 필기하다 보면 공간이 모자랄 때가 많은데 그럴 때는 포스트잇에 필기할 내용을 적어 교과서에 붙여놓으면 된다. 잘못 적어도 다시 쓰면 그만이고, 나중에 확실히 내 것으로 만들었다 싶으면 떼어버리면 된다. 그러면 교과서가 다시 깔끔해진다.

밑줄에 관해서라면 반복 횟수가 늘어감에 따라 여러 가지 필기구로 바꾸는 것이 좋다. 예를 들어 처음 공부할 때는 밑줄을 그을 때 연필을 사용한다. 이때는 무엇이 중요한 내용인지, 무엇이 지엽적인 내용인지 잘 모르기 때문에 나중에 지울 수 있는 연필을 사용하는 것이다. 볼펜을 사용하는 것은 두 번째로 공부할 때부터다. 나는 검정색 볼펜을 사용해서 밑줄을 긋고, 그다음 볼 때는 빨간색 볼펜, 마지막에는 형광펜을 사용했다.

중요한 점은 이렇게 밑줄을 긋는 필기구의 색깔을 바꿀 때마다 밑줄 치는 양을 줄여나가야 한다는 점이다. 연필로 밑줄 그은 내용 중에서 중요하다고 생각되는 것만 검정색 볼펜으로 줄을 긋는다. 다음에 볼 때는 검정 볼펜으로 줄을 친 부분 중에서도 너무 안 외워지는 것이나 아주 중요한 것만 빨간색 볼펜으로 밑줄을 긋는다. 혹은 빨간 펜으로 동그라미나 별표를 쳐두어도 된다. 그리고 시험 직전에 공부할 때는 형광펜으로 가장 중요한 것만 표시한다. 그러면 시험을 치르기 직전에 중요한 것 위주로만 공부할 수 있게 된다.

나는 교과서나 필기노트만 봐도 그 학생의 성적을 알 수 있다. 수업하는 교재에 필기가 하나도 안 되어 있고 책이 깨끗하다면 그 사람은 분명 하위권이다. 반대로 빽빽하게 자세한 필기가 되어 있다면 그건 최상위권 학생이 아니라 오히려 중상위권 정도 학생의 교과서다. 필기를 그렇게 열심히 하면서 수업에도 집중하기란 불가능하기 때문이다. 고생은 고생대로 하면서 성적은 오르지 않던 예전의 내 모습 같아 마음이 착잡해진다.

최상위권의 학생의 교과서에는 정말 필요한 것만 간략하게 필기되어 있다. 평소에 궁금하던 것이나 선생님이 강조한 부분이 자신만의 언어로 간단하게 적혀 있다. 필기란 받아쓰기가 아니라 자신에게 부족한 부분을 채우는 작업이라는 말의 증거인 셈이다.

효율적인
5분 복습법

시간이 지나면 지날수록 복습의 효율은 떨어진다. 그래서 최고의 복습은 수업 직후에 하는 복습이다. 수업이 끝난 직후의 5분 복습은 시험 준비 기간의 한 시간 공부와 맞먹는 가치가 있다. 수업을 들은 직후, 아직 선생님의 설명이 머릿속에 남아 있을 때 빠르게 정리를 해두어야 기억에 오래 남는다. 이것이 조금만 공부하고도 성적을 많이 올리는 비결이다.

나는 수업이 끝나면 진도가 나갔던 부분을 처음부터 다시 보며 조금 전의 수업 장면을 회상하고는 했다. '그래! 이 부분은 중요하다고 하셨지.' '이 내용은 이런 그림으로 설명하셨지.' 이런 식으로 되새기면서 중요 내용 위주로 빠르게 음미한 것이다.

만약 쉬는 시간에 복습하지 않고 저녁 자습 시간에 복습하게 되면, 수업 내용을 떠올리는 데 고생하곤 했다. 분명 설명을 듣기는 했는데 어떤 내용인지 생각이 잘 안 나서 정리하기가 참 난감했다. 그럴 때는 할 수 없이 처음부터 일일이 읽어가면서 수업을 들은 직후 바로 복습하지 않았던 것을 후회하며 필요 이상의 시간을 쏟아부어야만 했다.

수업을 들은 직후 복습하지 않으면 몇 시간 만에 대부분의 내용이 머릿속에서 사라진다. 그러나 수업이 끝난 후 5분 동안 다시 교과서를 넘겨 보면서 '이건 이렇게 설명하셨지.' 하는 정도로 음미만 해도 수업 내용이 기억에 오래 남았다. 물론 쉬는 시간에도 공부하는 내 모습이 남들 눈에는 엄청 열심히 공부하는 것으로 보이겠지만 사실은 반대다. 이렇게 해야 수업 내용이 곧바로 기억에 저장되고 오래 남으니, 나중에는 더 많이 놀 수 있는 것이다. 결국 이 5분 복습이 같은 노력으로 성적을 훨씬 쉽게 올릴 수 있는 비결이다.

이렇게 쉬는 시간 10분은, 복습 5분+예습 5분으로 활용하면 된다. 그런데 만약 이동수업이 있어서 쉬는 시간에 공부하기가 어렵다면 어떻게 해야 할까? 그 경우에는 수업 시작종이 울린 직후의 5분과 수업 종료종이 울리기 직전의 5분을 활용하면 된다.

선생님이 교실로 들어오자마자 곧바로 수업을 시작하는 경우는 거의 없다. 어수선한 분위기를 가라앉히기 위해 농담을 하거나 숙제를 검사하기도 한다. 수업 종료 직전에도 마찬가지다. 따라서 이런 때를 활용해서 짧게라도 수업의 예습과 복습을 하자. 잠깐의 시간 투자로 공부의 효율이 몇 배는 높아질 것이다.

♦

그런데 내가 이렇게 쉬는 시간에 공부하라고 조언하면, "어라? 쉬는 시간엔 쉬어줘야 되는 것 아닌가요?"라고 말하는 학생들도 있을 것이다. 그러나 50분 공부하고 10분 쉬는 방식의 공부법은 도서관에 혼자 틀어박혀 하루 종일 공부하는 사람들이 쓰는 방법이다.

쉬는 시간을 예습과 복습의 시간으로 만드는 것은 남들보다 힘들게 공부하는 방식이 아니다. 오히려 쉽게 공부하는 것이다. 예습·복습에 따로 많은 시간을 들이지 말고 쉬는 시간에 그냥 끝내버리자는 것이다. 이렇게 하면 저녁 자습 시간에는 시간이 오래 걸리는 어려운 공부, 실력을 높이고 응용력을 기르는 깊은 공부를 할 수 있다.

또한 쉬는 시간에 예습·복습을 하게 되면 수업 전후로 세 번이나 같은 내용을 보기 때문에 반복학습의 효과가 있다. 같은 시간을 공부해도 남들보다 오래 기억할 수밖에 없다. 그러면 시험 기간에 굳이 벼락치기를 하지 않아도 금방 기억이 되살아난다.

수업이 끝난 직후 5분 복습! 한번 실천해 보면 생각보다 힘들지 않다. 물론 나도 한때는 '쉬는 시간에는 쉬어야 된다!'라고 외치며, 웃고 떠들고 복도를 뛰어다닌 적이 있었다. 그러나 쉬는 시간에 얘기하고 놀았던 장면들이 수업 시간에 자꾸 생각이 나서 집중이 제대로 안된 경우가 오히려 더 많았다.

참고로 지금 나는 쉬지 말고 하루 종일 공부만 하자고 이야기하는 게 절대 아니다. 누구라도 휴식 시간은 반드시 필요하다. 하지만 그런 긴 휴식은 하루의 공부를 모두 마친 후에 한꺼번에 누리는 것이 좋다는 뜻이다. 수업 사이의 쉬는 시간은 놀기보다는 예습과 복습 시간으로 활용하는 게 가장 효율적이다. 그게 나중에 당신에게 좀 더 많은 휴식을 가져다줄 것이다.

비결 08

점심시간과 저녁시간을 활용하자

쉬는 시간의 복습은 간단한 '수업 리뷰'라고 할 수 있다. 쉬는 시간에 다시 훑어봤다고 해서 그것이 모두 머릿속에 들어가 있지는 않을 것이다. 중요한 내용은 우리가 따로 시간을 들여 반드시 '암기'를 해두어야 하는데, 이건 쉬는 시간 5분만으로는 끝낼 수 없으므로 별도의 시간 확보가 필요하다.

모든 공부의 기본은 바로 암기다. 사고력과 창의력도 중요하다고 하지만 그것도 암기가 바탕이 되어야만 활용할 수 있다. 예를 들어 '백제 근초고왕이 다스린 시기는 4세기다'라는 사실을 암기해 두어야 비로소 '그렇다면 그 시기 신라의 모습은 어땠을까?'라는 질문도 생기는 법이다.

이렇듯 사고력과 창의력이라는 것도 머릿속에 이미 들어 있는 어떤 정보를 이리저리 굴려보며 길러지는 것이다. 심지어는 수학조차 암기과목이라고 말하는 공부 고수들이 많다. 그렇다면 이런 중요한 암기를 잘하는 방법은 없을까? 효율적인 암기에는 몇 가지 원칙이 있다.

1. 암기는 자습 시간이 아닌 자투리 시간을 활용해서 끝내라

자습 시간에 주위를 둘러보면 뭔가 부지런히 쓰면서 입속말로 중얼거리며 열심히 암기하는 친구들을 흔히 볼 수 있다. 그러나 자습 시간이 어떤 시간인가? 책상에 앉아 여러 권의 책을 펼쳐놓고 폭넓게 공부할 수 있는 시간이다. 이 시간에는 암기보다는 문제집과 교과서 또는 참고서를 펼쳐놓고 '깊은 공부'를 하는 것이 정석이다.

무엇인가를 외우기 위해 굳이 책상에 앉아 있을 필요는 없다. 수첩이나 프린트에 외울 내용을 정리해 놓고, 들고 다니면서 외우면 되니까. 그러므로 암기는 책상에 앉아 있지 않은 자투리 시간에 하는 게 좋다. 걸으면서 외운다든가, 집과 학교 사이를 오가는 버스 안에서 외운다든가 하는 식으로 말이다. 나 역시 외울 것은 수첩에 따로 정리해서 자투리 시간에 모두 끝냈다.

2. 그날 외울 것은 그날 끝내라

암기할 것들이 한번 밀리기 시작하면 나중에는 감당하기 매우 힘들어진다. 나는 그날 수업 시간에 배운 내용 중에서 외울 것이 생기면 수첩에 적어서 그날 안에 다 외워버렸다. 물론 다음 날이면 가물가물했지만 신경 쓰지 않았다. 어차피 한 번이라도 외워두면 나중에 다시 공부할 때 쉽게 떠오른다는 것을 경험으로 알았기 때문이었다. 그날 외울 것을 그날 끝낸 덕분에 시험 기간에는 시간을 조금만 들여도 예전의 기억이 금방 되살아났다.

3. 외울 수 있다는 자신감을 가지고 외워라

물론 우리 주위에서는 가끔 천재들을 볼 수 있다. 그들은 눈으로 한 번 훑어봤을 뿐인데도 마치 사진을 찍어놓은 듯이 외워버리기도 한다. 그러나 99%의 학생은 계속 반복해서 외워도 잘 안 외워지는 게 당연하다. 그것은 능력이 부족해서가 아니라 원래 평범한 사람은 누구나 그렇기 때문이다.

그런데도 '난 외울 수 있다!'는 자신감을 가지고 외우면 결국에는 외워지는 것이 암기다. 한때 나는 내가 암기를 못하는 줄 알았다. 그러나 이런 각오로 암기하니 결국에는 외워졌고, 그런 작은 성공의 경험이 쌓여 스스로에게 자신감을 불어넣어 주었다. 100번을 읽고 썼는데도 안 외워지면, 또다시 100번 더 읽고 쓰겠다는 각오로 덤벼들어라. 그럼 못 외울 것이 없다.

4. 친구와 같이 외우는 것도 좋다

나는 시험 기간에 친구와 서로 번갈아 문제를 내면서 외우는 방식으로 공부했는데, 이러면 그 과목은 거의 100점을 맞고는 했다. 경쟁심도 생기고 문제를 내면서 '어떻게 하면 쟤가 못 맞힐 만한 문제를 낼까?' 하고 고민하는 과정 그 자체가 암기하는 데 큰 도움이 됐다.

5. 눈으로 읽지만 말고, 손으로 가리고 떠올려보라

암기를 하겠다며 몇 번이고 반복해서 읽기만 하는 친구들이 있었는데, 그들 대부분은 결국 암기를 제대로 못했다. 반면 나는 책의 내용을 한 번 읽고는 손으로 가린 후, 방금 봤던 내용을 정확히 떠올려보는 방식으로 외웠는데, 단순하지만 가장 효과적인 방법이었다.

암기란 무엇인가? 안 보고 떠올리는 것이다. 그러니 눈으로 뻔히 보면 아무리 여러 번 읽어봐야 암기가 될 리 없다. 손으로 가리고, 떠올려보고, 모르겠으면 손을 치워서 다시 보고, 또다시 손으로 가린 후 떠올려보고, 이런 작업을 계속 반복하는 것이 바로 암기다. 잘 외워지는 특별한 요령은 없다. 이런 지루한 과정을 누가 잘 참느냐 하는 것이 암기를 잘하는 열쇠다.

6. 또 하나의 뇌, '암뇌'

사람의 두개골 안에 있는 뇌는 그 기능에 따라 대뇌나 소뇌, 중뇌 등으로 나뉜다. 그러나 우리에게는 또 한 가지의 뇌가 필요하다. 암기를 담당하는 뇌, '암뇌'다. 이 암뇌는 어디에 있을까? 바로 입과 손, 이 두 군데에 위치하고 있다.

흔히 금속의 이온화 경향을 '카카~ 나만알아! 철니주납? 수구수은 백금'이라는 말로 외우고, 주기율표를 '혜혜, 리베비씨는 노블레~ 나마알씨는 인황염아~ 카카' 하는 말로 외운다. 이 긴 것들을 우리가 어떻게 외웠던가? 그저 외워질 때까지 수십, 수백 번 입으로 중얼거렸다. 입에 암뇌가 있기 때문이다.

그런가 하면 단어 스펠링을 머릿속으로 떠올릴 때 'R'인지 'L'인지 기억이 잘 나지 않을 때가 있다. 그런데 손으로 써보면 제대로 된 스펠링으로 적을 수 있다. 머리는 잊었지만 손이 기억하고 있기 때문이다. 즉, 손에도 암뇌가 있다.

암기를 잘하고 싶다면 무조건 반복해서 입으로 중얼거리고, 반복해서 손으로 써야 한다. 지나가던 친구가 실수로 내 어깨를 툭 치는 순간, "카카! 나만알아~." 하는 말이 튀어나와야 한다. 꼭 기억하자. 암기는 머리가 아니라 입과 손으로 한다는 것을.

비결 09

하루 공부를 완성하는 자습 시간 활용법

드디어 저녁 자습 시간이 되었다. 이때 해야 할 것은 '문제 풀이'다. 수업 시간에 진도 나간 부분의 문제를 풀어보며 오늘 배운 내용을 확실히 내 것으로 만들어야 한다. 이 시간은 응용력과 사고력을 높이는 중요한 시간이니 원칙을 가지고 잘 활용해야 한다. 그 원칙을 소개하면 다음과 같다.

1. 자신의 수준에 맞는 교재를 보라

나는 기초가 부족할 때는 저학년 교재도 마다하지 않았다. 수학 같은 경우 심지어 중학교 1학년 과정부터 봤다. 그때의 나는 고등학교 2학년이었고 더구나 이과생이었는데도 말이다. 그러나 나는 남들이 푸는 문제집이 아니라 내 수준에 적당한 교재로 공부한 것이, 학습에 흥미를 붙일 수 있었던 중요한 이유라고 생각한다.

영어의 경우 서점에서 직접 여러 문제집을 비교한 다음 가장 쉬워 보이는 독해 문제집으로 시작했다. 그리고 실력이 오른 후에는 다시 서점에 가서 이 책 저 책 뒤적여가며 그때의 내 수준에 가장 잘 맞을 것 같은 문제집을 골라 풀었다.

수준에 맞지 않는 교재를 보는 것은 공부의 효율을 크게 떨어트린다. 너무 어려운 문제집을 풀면 그 과목에 대한 흥미를 잃어버리게 되고, 반면 너무 쉬운 문제집을 보면 문제를 많이 풀어도 성적이 잘 오르지 않는다.

2. 오늘 진도 나간 부분의 문제만 풀어라

어제 진도 나간 부분도 아니고, 아직 배우지 않은 부분도 아닌, 정확히 오늘 배운 내용만 푼다. 이게 핵심이다. 배우지도 않은 내용을 미리 풀면 시간이 오래 걸린다. 결국 공부 시간에 비해 효율이 떨어지는 셈이다.

그리고 만약 어제 못 푼 부분이 있다면 과감히 포기하고 오늘 진도를 나간 부분부터 시작한다. 어제 배운 부분을 아예 안 푼다는 말이 아니라 오늘 할 것을 먼저 끝내고 시간이 남으면 풀라는 말이다. 이렇게 하지 않으면 진도가 계속 밀리기 때문이다. 물론 피치 못할 사정이 생겼거나 게으름을 피워서 진도가 밀릴 때도 있다. 그런 경우라면 휴일을 이용해서 빈 부분을 채우고, 오늘은 오늘 배운 부분을 먼저 푸는 것이 원칙이다.

3. 체계적으로 채점하자

문제를 풀고 채점할 때 나는 동그라미(○), 세모(△), 별표(☆), 이 세 가지를 이용했다. 동그라미야 설명할 필요가 없을 것이고, 세모와 별표로 표시한 것은 모두 틀린 문제들이다.

일단 틀리면 빗금(/) 표시를 해두는데, 다시 풀어서 정답을 맞힌다면 빗금 표시를 세모로 바꾼다. 실수로 틀렸지만 다시 생각하면 맞힐 수 있는 문제라는 뜻이다.

그럼 별표는 무엇인가? 그건 아무리 생각해도 답을 모르겠는 문제, 혹은 다시 풀어도 계속 틀리는 문제, 공부해야 할 관련 내용이 많거나 중요한 내용에 관한 문제라서 나중에라도 반드시 다시 보아야 할 것 같은 문제들은 빗금 표시를 모두 별표로 바꾼다.

이렇게 채점을 해두니 편리했다. 교재를 두 번째 풀 때는 모든 문제를 다시 풀 필요 없이 세모와 별표 문제, 즉 내가 실수로 틀린 문제와 어려운 문제, 중요한 문제만 골라서 다시 풀 수 있었다. 이렇게 내가 약한 부분만 골라 푸니까 짧은 시간에 필요한 부분만 공부할 수 있게 되었다. 당연히 조금만 공부하고도 성적이 잘 나왔다.

4. 틀린 문제는 해설 대신 교과서나 기본서에서 정답을 찾아라

공부를 열심히 하는데도 성적이 잘 오르지 않는 학생 중에는 이 원칙을 지키지 않는 경우가 많다. 그저 풀고 점수 매기고, 틀리면 해실을 보고, 고개 한번 끄덕이고 넘어가면 실력이 제대로 늘지 않는다.

일단 문제집 뒤에 있는 해설은 읽어봤자 머릿속에 하나도 남지 않는다고 생각하면 된다. 해설은 말 그대로 덮어버리면 그만이다. 물론 해설을 읽는 순간에는 내가 왜 틀렸는지, 왜 이게 정답이 되는지 이해가 될지도 모른다. 그러나 그 기억은 자습이 끝나고 나면 거의 사라진다. 틀린 문제는 해설이 아니라 교과서나 기본서를 뒤적여가며 그 이유를 찾아야 실력이 빠르게 성장한다.

나는 문제를 풀다가 틀리면 해설이 아니라 교과서와 기본서를 펼쳤다. 만약 영어 문법 문제를 풀다가 인칭대명사에 관련된 문제를 틀렸다고 치자. 그러면 나는 해설이 아닌 내가 주로 보는 문법책에서 인칭대명사 부분을 펼쳐서 관련 부분을 공부했다.

예컨대 그 부분을 다시 공부했더니 아까 틀린 문제가 이해되고 정답도 찾을 수 있었다면 이제 그 문제는 해설을 볼 필요도 없이 넘어가는 것이다. 만약 그래도 모르겠으면 그제야 해설을 봤는데, 그렇게 확인한 해설은 읽고 덮어버리는 것이 아니라 반드시 영어 문법책의 해당 부분에 옮겨 적었다.

5. 문제 풀이가 끝나고 나면 반드시 '정리'로 마무리하자

정리라고 해서 거창한 오답노트를 만들거나 노트에 꼼꼼히 옮겨 적으라는 뜻이 아니다. 그저 내가 풀었던 문제들을 다시 한번 빠르게 눈으로 훑어보라는 것이다.

이 작업은 그리 오래 걸리지 않는다. 한 문제당 5~10초 정도만 살펴보면서 왜 이게 정답이었는지 그것만 음미하고 넘어가면 된다. 수학 같은 경우 내가 이렇게 저렇게 풀었다는 그 과정만 다시 떠올리는 것이다.

문제마다 이렇게 하는 게 사실 귀찮을 수도 있다. 그러나 이 과정을 꼭 거치기 바란다. 전체 공부 시간이 오히려 줄어들기 때문이다. 빠르게 음미하며 정리했던 문제들은 기억에 오래 남는다. 이런 즉석 반복이 오늘 공부를 오늘만 하게 해주는 비결이다.

비결 10

자습 시간에 잡념에
시달리지 않으려면

잡념 때문에 공부하기가 힘들다는 사람이 많은 것 같다. 자습 시간에 공부를 하다 보면 몸은 책상 앞에 앉아 있지만 머릿속은 세상 이곳저곳을 떠돌아다닐 때가 있다. 이렇게 잡념에 시달리다 보면 공부의 효율은 당연히 떨어질 수밖에 없을 것이다.

그건 나도 마찬가지였다. 차라리 신나게 놀면 스트레스라도 풀릴 텐데 책을 펴놓고 스트레스를 받으면서 머릿속으로는 공상에 빠져드니, 몸은 몸대로 지치고 자신감은 자신감대로 뚝 떨어져 버리고는 했다. '왜 이렇게 집중이 안되지? 너무 공부만 해서 그런가?' 하며 잠시 쉬어도 봤지만 다시 책상에 앉으면 또다시 잡념이 들기 시작했다. 이런 과정이 몇 번 반복되니 공부에 대한 자신감이 떨어지고, 열등감과 스스로를 향한 원망만 남게 되었다.

나는 잡념을 없애기 위해 여러 방법을 써보았다. 필기구도 바꿔보고, 공부 장소를 바꿔보기도 했다. 새로운 공부법도 써보고, 교재를 바꿔보기도 했다. 하지만 큰 효과를 본 적은 없었다. 그렇게 의미 없는 시도들을 거친 후, 나는 한 가지 사실을 깨달았다. 그것은 잡념이 드는 근본 원인은 평소 나의 생활 습관과 관련이 있다는 것이다.

쉬운 예를 들어보자. 재미있는 TV 프로그램을 보고 나서 공부를 한다면 당연히 방금 보았던 TV 내용이 생각날 수밖에 없다. 이건 어떤 집중력의 천재라도 마찬가지다. 즉, 내 생활이 '깨끗하지' 않으면 어떤 슈퍼 공부법을 쓰더라도 잡념을 없앨 수는 없는 것이다. TV를 자주 보는 사람이라면 공부할 때 TV 생각이 나고, 핸드폰을 자주 만지는 사람은 공부할 때 핸드폰 생각이 날 수밖에 없다.

그렇다면 해결책은 명확해진다. 잡념을 없애려면 먼저 내 생활을 정돈해야 한다. 이 말은 하루 종일 공부만 하자는 뜻이 아니다. 놀 땐 놀더라도 공부에 영향을 미치지 않는 선에서 놀아야 한다는 말이다.

◆

무엇이 내 공부에 영향을 미치고 있을까? 그걸 알고 싶다면 '잡념 노트'가 많은 도움이 된다. 나는 공부하다가 잡념이 생기면 그 내용을 연습장에 써보고는 했다. 하루를 마무리하는 시간에 그 연습장을 펼쳐 보면 어떤 잡념이 공부할 때 나를 가장 많이 괴롭히고 있는지 알 수 있었다. 그 후 그 원인을 해결하려 애썼다. 그저 머리를 쥐어뜯으면서 잡념을 없애려 노력한 게 아니라 아예 근본 원인을 찾아서 없애버린 것이다.

나는 하루를 '깨끗하게' 보내려고 노력했다. 공부 말고는 다른 특별한 것을 하지 않으려고 애썼다. 그렇게 하니 공부할 때 별다른 잡념이 생기지 않게 되었고, 오히려 휴식할 때도 공부 내용만 생각날 정도가 되었다. 잡념으로 가득 찼던 머리가 깨어 있는 시간 동안 오로지 공부로만 가득 차게 된 것이다. 어찌 보면 공부를 잘하는 요령이란 간단한 것 같다. 공부를 얼마나 더 열심히 하는가가 아니라 공부 외의 것을 얼마나 안 하는가에 달린 것이다.

◆

이제 다른 문제로 넘어가 보자. 잡념은 그렇게 줄인다고 치고, 그래도 잡념이 생겨버리면 그때는 어떻게 해야 할까?

방법은 '관조(觀照)'하는 것이다. 그저 바라보는 거다. 잡념이 든다고 해서 어떻게든 그것을 없애려고 발버둥쳐 봐야 효과가 없다. 이럴때는 그저 마음을 편하게 먹고 잡념이 들면 드는 대로 그저 내버려둔다.

'내버려 둔다'는 말을 오해하면 안 된다. 잡념에 빠져서 생각이 꼬리에 꼬리를 물게 놔두어서는 공부가 잘될 리 없다. 잡념에 빠지면 안 되는 이유를 다시 한번 상기하면서 또다시 책에 눈을 파묻어야 한다.

내가 말하는 '내버려 둔다'는 잡념이 생긴 자기 자신을 마치 제3자가 바라보듯 차분하게 응시하는 것을 뜻한다. 비유하자면 마음속에 자라고 있는 잡념의 콩나물을 밟아 없애려고도 하지 말고, 그렇다고 물을 주면서 키우지도 말고, 그저 '그런가 보다, 잡생각이 떠오르나 보다, 그래도 다음 문제나 풀자' 하고 차분하게 넘어가라는 말이다.

이건 마음과 관련된 문제라서 정확히 표현하기가 어렵지만 그래도 이 정도로 얘기하면 독자들은 내가 어떤 마음가짐을 말하는지 알 것이라 믿는다.

비결 11

집중력은 요령을 가지고
길러야 한다

앞에서는 잡념에 대처하는 요령을 이야기했다. 그런데 집중을 하는 것은 잡념을 없애는 것과는 또 다른 문제다. 예를 들어 머릿속이 멍한 상태라면 잡념에 빠진 것은 아니지만 그렇다고 집중하고 있다고도 말할 수 없을 것이다. 물론 잡념을 없앤 것만으로도 대단하지만 그건 절반의 성공이다. 집중까지 해야 완벽한 공부가 된다.

집중력은 공부 효율과 큰 관련이 있다. 같은 시간을 공부하더라도 두 배로 집중해서 공부한다면 다른 사람들보다 두 배의 시간만큼 공부하는 셈이 될 것이고, 성적이 오르는 데 걸리는 기간은 절반으로 단축된다. 집중력이란 그만큼 중요하다. 그렇다면 어떻게 해야 공부할 때 집중도를 높일 수 있을까? 여기에 다섯 가지 팁이 있다.

1. 최대한 세부적인 목표를 잡자

나는 단순히 '7시부터 9시까지 국어 공부하기' 식의 목표로는 집중력이 잘 생기지 않았다. 분명한 목표가 없기 때문에 시간을 때우는 공부가 되기 십상이었다.

그래서 전략을 바꾸어 '국어 평가문제집 1단원에 있는 문제 모두 풀기'라는 식으로 구체적인 목표를 잡았고, 그러고 나니 집중력이 높아졌다. 이렇게 목표가 구체적이고 세부적이어야 그것을 달성하겠다는 의욕도 강해지고, 집중력도 더 높아진다.

2. 마감 시간을 짧게 정하자

사실 이것은 널리 알려진 매우 효과적인 공부법이다. 예를 들어 30분 동안 단어 30개를 외우는 것보다, 10분 동안 단어 10개를 외우는 것이 더 잘 외워진다는 말이다. '조금만 있으면 나에게 주어진 시간이 끝난다'는 생각은 긴장감을 높여주고, 집중력을 더욱 날카롭게 만들어준다.

이것은 자투리 시간을 활용하는 것과도 연관이 있다. 쉬는 시간이

나 등교하는 시간처럼 남는 시간에 공부하는 것이 자투리 시간을 활용하는 것이다. 그렇게 남는 시간에 공부를 해봐야 얼마나 효과가 있겠냐고 반문하는 사람이 많은데, 바로 이 마감 시간 덕분에 공부 효과를 톡톡히 볼 수 있다. 공부할 수 있는 시간이 얼마 되지 않기 때문에 오히려 집중력이 높아지는 것이다.

공부 시간의 단위가 비교적 큰 자습 시간에도 이런 원리를 활용할 수 있다. 계획을 '잘게' 세우는 것이다. '60분 동안 국어 60문제를 푼다'가 아니라, '5분에 5문제씩 푼다'라는 식으로 잡으면 긴장감이 높아지고 집중력도 배가된다.

서울대학교에 수석 입학을 했던 어떤 학생은 '3분마다' 시계를 보면서 계획이 제대로 지켜지고 있는지 확인하며 공부를 했다고 한다. 하지만 나는 '3분마다 확인'은 도저히 지치고 힘이 들어서 긴 시간 동안 그렇게 하지는 못했다. 대신 10분이나 20분 정도를 한 호흡으로 잡고 공부했다. 이처럼 몇 분을 한 호흡의 단위로 할지는 사람마다 다르고 과목마다 다를 것이다. 어쨌든 마감효과를 기억하면서 최대한 긴장하며 공부하는 것은 집중력을 높이는 데 확실한 효과가 있다.

3. 목차를 옆에 두고 공부하자

산을 오를 때도 마찬가지다. 내가 얼마만큼 올라왔는지 전혀 알 수 없게 되면 의욕이 뚝 떨어진다. 공부도 마찬가지여서 내가 지금 어떤 부분을 공부하고 있는지를 잊게 되면 공부가 지겨워진다.

목차를 확인하면서 공부하는 것은 내용을 체계적으로 기억하기 위해서도 필요하지만 집중력을 높이기 위해서도 좋은 공부법이다.

나는 공부하다가 집중력이 떨어지는 것을 느낄 때마다 수시로 목차를 확인했다. 그러면 '지금까지 이만큼 공부했고, 앞으로는 이 정도 남았구나', '지금 보고 있는 부분은 전체에서 이런 의미가 있구나' 하고 생각하게 된다. 지겹던 공부에 다시금 의욕이 생기고 '조금만 더 버텨서 얼른 끝내자'라고 마음을 다잡게 되는 것이다.

4. 휴대전화는 아예 끄거나 무음모드로 바꾸어 가방에 넣자

휴대전화만큼 집중에 방해가 되는 것도 없다. 어떤 학교에서는 휴대전화를 등교 시에 압수하고 하교할 때 돌려주기도 하지만 대부분 학교에서는 허용하는 편이다. 그러므로 대부분 학생이 수업 시간에 휴대폰을 진동모드로 해두고 주머니 속에 넣어둔다.

나 역시 그랬다. 아무리 공부 잘하는 선배들이나 좋은 대학에 진학한 사람들이 "휴대전화는 해지하거나 집에 놔두고 다녀야 한다"라고 말해도 그것만큼은 실천에 옮기기가 어려웠다. 진동으로 해두고 주머니 속에 넣어두면 뭔가 든든한 기분도 들었다.

하지만 알림이 올 때마다 꺼내 보게 되니 당연히 공부의 흐름이 끊어지고, 집중력이 흐트러질 수밖에 없었다. 어떤 때는 진동소리가 들려서 휴대전화를 꺼내 보았는데 아무런 톡이 오지 않은 때도 많았다. 환청이 들린 것이다. 이런 증상의 원인은 공부하는 중에도 잠재의식의 일부가 휴대전화가 들어 있는 주머니를 계속 의식하기 때문이다.

휴대전화가 없다면 제일 마음이 편하겠지만 그것이 힘들다면 공부할 때는 꺼두는 것이 가장 좋다. 만약 쉬는 시간마다 껐다가 켜는 것이 너무 번거롭다면 무음모드까지는 괜찮다. 절대 진동모드는 안 된다. 그러면 '드르륵' 하는 작은 소리가 들리는데, 그 소리를 잡아내기 위해 우리 잠재의식의 능력이 상당한 비율로 소모된다.

공부 중에는 무음모드로 바꾸어둔 휴대전화를 반드시 '가방' 안에 넣어두어야 한다. 주머니 속도 안 되고 책상 위에 올려두는 것도 안 된다. '뒤집어 놓고 안 보면 되지!'라고 생각해도 공부가 지겨워지면 나도 모르게 손을 뻗어 자꾸 만져보게 된다. 그저 휴대전화는 최대한 손이 닿기 어렵도록 가방 속에 넣어두어야 오히려 마음이 편해지고 집중력도 생긴다.

5. 필통은 최대한 큰 것을 사자

갑자기 웬 뚱딴지 같은 소리인가 싶겠지만 이것은 내 경험상 반드시 필요한 원칙이다. 사실 공부를 하다 보면 갈라진 손톱이 눈에 띄거나 손톱 밑에 일어난 거스러미가 신경 쓰이는 경우가 많다. 이상하게 평상시에는 전혀 신경 쓰지 않던 부분이 공부만 하면 눈에 계속 띈다. 그리고 정신을 차려보면 어느새 나도 모르게 물어뜯고 있었다.

'집중하면 그런 것에 왜 눈이 가겠어!' 하고 버럭 소리를 지르는 공부 고수가 있을지도 모르겠다. 하지만 나는 아무리 집중하려고 해도 계속 신경이 쓰였다. '이 손거스러미가 신경 쓰여 공부를 할 수 없어! 공부하기 위해서라도 이건 반드시 물어뜯어야 해' 하면서 이빨로 '수술'을 하다가 결국 수술이 실패하여 피를 보고 나서야 후회한 적이 많았다. 그 짓을 하느라 30분 이상 허비했고, 그 이후로도 손가락이 아파 공부에 집중할 수 없었다. 결국 나는 필통 속에 아예 손톱깎이를 넣어 항상 가지고 다녔다.

공부가 하기 싫어질 때는 옷에 튀어나와 있는 실밥도 눈에 잘 띈다. 내가 공부를 못할 때는 그것을 손가락에 칭칭 감으면서 가지고 놀았지만 공부를 하면서부터는 언제라도 그런 실밥을 잘라낼 수 있게 필통 속에 가위를 가지고 다녔다. 수학 문제를 풀다가 막히거나 지겨워지면 입술을 뜯고는 했다. 그러다 보면 공부는 안되고 입술에서는 피가 났다. 그래서 필통 속에 립글로스를 넣고 다녔다.

덕분에 내 필통은 마치 도라에몽의 주머니처럼 만물상점이 되어 있었다. 심지어는 드라이버도 있고 핀셋도 있었다. 똑똑한 독자들은 내가 지금 무슨 말을 하는지 알 것이다. 책상 서랍 속에 있던 물건들을 모두 필통 속으로 옮기라는 말이 아니다. 단지 공부할 때 내 집중을 방해하는 것이 있다면, 그것을 제거하는 데 필요한 것들을 미리 준비해 놓으라는 말이다.

집중력은 타고나는 게 아니라 노력으로 만드는 능력이다. 이렇듯 집중을 방해하는 사소한 것까지 미리 대비하는 자세를 가진다면 처음에는 잘 안되어도 머지않아 바로 옆에서 폭탄이 터져도 책에서 눈을 떼지 못하는 자기 자신을 발견하게 될 것이다.

비결 12

휴식에도
원칙이 있다

인간의 몸은 기계가 아니다. 공부를 한 뒤에는 반드시 쉬어주어야 몸이 재충전을 할 수 있고, 그동안 공부한 내용도 머릿속에 잘 저장된다. 하지만 휴식이란 양날의 칼과 같아서 잘못 다룰 경우 공부에 악영향을 끼치기도 한다. 분명한 원칙을 가지고 휴식하면 공부의 효율이 크게 높아지지만 그렇지 않으면 오히려 성적을 떨어트리는 주범이 된다.

우리는 어떤 원칙을 가지고 휴식해야 할까? 여기에 대해서는 크게 네 가지를 말하고자 한다.

1. 쪽잠을 경계하자

잠이 너무 쏟아진다. 이때 잠깐 엎드려 자고 나면 피로가 풀리는 것은 당연한 사실이다. 그렇게 잠시 엎드려 자는 것을 쪽잠이라고 하는데, 일부 공부 고수들 중에서는 쪽잠의 이런 효능(?)에 주목해서 학생들에게 쪽잠을 권하기도 한다. 그러나 나는 쪽잠을 자는 것을 반대하는 편이다.

쪽잠을 자면 피로가 풀리는 건 사실이다. 그러나 문제는 따로 있는데 그것은 쪽잠을 자기 직전 잠이 오고 있다는 그 사실 자체다. 맑은 머리로 최대한 집중해서 공부해야 할 낮에 잠을 자지 않으면 버틸 수 없을 정도로 컨디션 조절이 안되어 있다는 점이 바로 큰 문제인 것이다. 나는 내가 꼴찌에서 한 학기 만에 1등이 된 이유 중에 하나가 깨어 있는 동안 항상 맑은 머리 상태를 유지했기 때문이라고 생각한다.

나는 언제나 쪽잠이 필요하지 않을 만큼 머리를 맑게 하기 위해서 애를 썼다. 밤에 잠을 충분히 자는 것은 기본이고, 낮에 잠이 오더라도 어떻게든 잠을 자지 않으려고 애썼다. 왜냐면 잠은 습관이기 때문이다. 일단 낮에 자기 시작하면 그게 습관이 되어버려 결국에는 밤에 아무리 많이 자도 항상 그 시간만 되면 여전히 잠이 온다는 사실을 경험으로 알았기 때문이다.

2. 짧은 휴식 시간에는 머리가 아니라 몸을 쉬게 하자

가령 무거운 아령을 몇 번 들다 보면 팔이 아파 절대 들 수 없는 때가 온다. 그것은 근육에서 '젖산'이라는 물질이 분비되기 때문인데 이 물질은 근육을 마비시켜 더는 힘을 못 쓰도록 막는다. 근육이 파열되는 것을 막아 몸을 보호하기 위해서다.

그런데 공부라는 작업은 근육이 아니라 머리를 쓰는 일이다. 알다시피 인간의 대뇌 속에는 근육이 없다. 따라서 아무리 머리를 많이 사용해도 대뇌 자체는 젖산이 분비되지 않고 따라서 피곤해지지도 않는다. 다시 말해 대뇌 그 자체는 휴식이 필요 없는 것이다. 그런데도 우리는 꼭 휴식해야 한다. 대뇌가 피로해져서가 아니라 오랜 시간 가만히 앉아 있느라 지친 몸을 쉬게 하기 위해서다.

따라서 공부 사이에 휴식할 때는 무조건 자리에서 일어서야 한다. 나는 휴식을 취해야겠다는 생각이 들면 무조건 자리에서 일어나 걸었다. 학교 안에서는 복도 여기저기를 걸어 다니기도 했고, 공공도서관에서 공부할 때는 근처 공원을 빠른 걸음으로 걸어 다녔다. 그러면서 머릿속으로는 방금 공부했던 내용을 되새겨 보기도 했고, 다음 시간에 공부해야 할 내용을 계획하기도 했다.

3. 긴 휴식은 공부를 모두 끝낸 뒤에 가져라

물론 나라고 해서 항상 공부만 한 것은 아니었다. 때로는 재밌는 소설을 읽기도 했고, 가끔 영화나 애니메이션을 보기도 했다. 하지만 이 모든 것들은 하루 동안 내가 해야 할 공부를 모두 끝낸 뒤에 누렸다. 그렇게 했던 이유는 두 가지다.

첫째, 긴 휴식을 가진 뒤에는 다시 공부를 시작하기가 힘들기 때문이다. 따라서 긴 휴식을 가진 뒤 힘들게 마음을 다지면서 공부하기보다는 차라리 공부를 모두 끝낸 뒤 마음 편히 놀기로 정한 것이다.

둘째, 이것만 끝내면 놀 수 있다는 기대로 계획된 것을 끝내려는 의욕이 더욱 강해지기 때문이다. 스스로 목표와 그것을 달성했을 때의 보상을 정해놓고 공부하는 것은 해본 사람만 알 수 있는 공부의 즐거움 중 하나다.

4. 일요일은 공부하지 않는다

내가 교회를 다녔기 때문이기도 하지만 만약 그렇지 않았더라도 나는 일요일에는 공부하지 않았을 것이다. 그 이유는 길게 설명할 필요가 없을 것 같다. 이 책 1장에 나와 있는 공부법들을 딱 2주 동안만 매일 실천해 본 사람이라면 내가 왜 일요일에는 공부하지 않았는지 알게 될 것이다. 주중에 정말로 열심히 공부했다면 일요일쯤은 완전히 지쳐서 공부하고 싶어도 할 수가 없다.

휴식에 관한 원칙은 간단하다. 힘들면 쉬는 것이고, 다시 힘이 생기면 공부하는 것이다. 문제는 힘들지도 않은데 쉰다거나 쉬어야 하는데 계속 공부하는 것이다. 일요일에 휴식을 취하자는 조언도 마찬가지다. 내가 말하는 싶은 것은 일요일은 반드시 쉬라는 게 아니다. 일요일에 쉬지 않으면 안 될 만큼 평일에 최선을 다해 공부하자는 뜻이다. 그래야 일요일의 휴식이 진정한 쉼표가 된다. 만약 할 일을 끝내지 못했는데도 쉰다면 불안과 죄책감 때문에 아마 쉬어도 쉬는 것 같지 않을 것이다.

비결 13

체력 관리도
공부다

　　내가 고3 때, 우리 학교에서는 서울대반 학생들의 하교 시간을 밤 12시(!)로 정했다. (참고로 내가 다닌 고등학교는 당시 일반 인문계 학교 중 전국에서 서울대학교 입학생을 가장 많이 배출한 학교였는데, 공부를 많이 시키기로 악명이 높았다.) 나는 자정에야 끝나는 학교 일정을 도저히 따라갈 수 없었다. 체력이 부족해지니 저녁 9시부터는 거의 책상에 엎드려 졸게 되었고, 낮에도 머리가 개운하지 않았다. 그때 내가 내린 처방은 '정신력으로 극복하자!'였는데, 그해 수능을 망친 후에야 내가 얼마나 큰 실수를 했는지 깨달았다.

　　다음 해 재수를 하면서 체력 관리를 우선순위로 올렸다. 비타민과

한약도 먹어보고 홍삼 등의 건강식품도 먹어보았지만 가장 효과 있었던 것은 역시 '운동'이다.

그런데 무거운 역기를 들고 운동하는 건 근육을 단련하는 데는 도움이 될지 몰라도 체력과는 큰 상관이 없었다. 그래서 줄넘기를 들고 뛰어도 봤지만 자꾸 걸려 넘어지니 짜증만 쌓였다. 게다가 이미 수학 공부는 많이 했는데, 운동할 때조차 숫자를 세야 한다는 것이 너무 싫었다.

결국 선택한 것은 달리기였다. 저녁을 간단히 먹고 나면 근처 초등학교 운동장을 달렸다. 30분 정도, 약간 땀이 날 정도로 달리면 나를 괴롭히던 잡념이 사라졌다. 그리고 머리가 확실히 맑아지면서, 운동을 끝내고 날 때쯤이면 공부에 대한 의욕과 목표의식도 더욱 분명해졌다.

그렇게 한 달이 지나니 확실히 체력이 좋아졌다. 공부에 대한 추진력도 더욱 강해지고, 집중력도 전에 없이 날카로워지는 것을 느꼈다. 체력이 이토록 중요하다는 것을 좀 더 일찍 알았더라면 하는 아쉬움이 있었지만 뒤늦게라도 깨달아서 다행이라는 생각이 들었다.

◆

흔히들 공부는 머리가 아니라 엉덩이로 하는 것이라 말한다. 나는 이 말이 진리라고 생각한다. 문제는 엉덩이로 하는 이놈의 공부는 체력이 뒷받침되지 않으면 힘들다는 사실이다. 공부는 장기전이다. 나는 그 사실을 잊었다가 고3 때 큰 낭패를 봤다. 이 책을 읽는 독자들은 부디 그때의 나 같은 실수를 반복하지 않기를 바란다.

과학적인 연구 결과에 따르면, 운동 효과가 있으려면 일주일에 적어도 5번 이상은 운동을 해야 한다고 한다. 일주일에 3회 이하의 운동은 아예 안 하는 것과 별 차이가 없다는 연구 결과도 있다. 한편 운동 강도는 '약간 땀이 날 정도'면 충분한데, 달리면서 옆 사람과 대화를 할 수 있을 정도가 이에 해당한다.

운동의 또 다른 좋은 점은 푹 자게 된다는 것이다. 고3 때 나는 불면증에 시달릴 때가 많았고 거의 매일 가위에 눌렸다. 반면에, 재수하던 해에는 운동을 꾸준히 했고 덕분에 단 하루도 가위에 눌리지 않고 깊은 잠을 잘 수 있었다. 그렇게 숙면을 취하고 나니 아침에는 알람 없이도 개운하게 일어날 수 있었고, 낮 동안의 집중력과 공부 효율이 크게 높아졌다.

비결 14

하루의 마무리는
학습일지로 한다

이제 하루를 마무리할 시간이다. 해야 할 것은 학습일지 작성이다. 이건 별 게 아니다. 그저 오늘 무엇을 공부했는지 기록하는 노트인 것이다. 한국사 교과서는 어디부터 어디까지 읽었는지, 영어 단어는 몇 개를 외웠는지, 수학 문제는 몇 페이지나 풀었는지 적어두는 것이 학습일지다. 사소해 보이지만 그 효과는 정말 엄청나다.

학습일지를 꾸준히 작성하면 일단 효율적인 계획을 세울 수 있게 된다. 계획이 지켜지지 않는 이유는 항상 같은데, 그건 내가 할 수 있는 것 이상을 계획하기 때문이다. 마음이 앞서서 '할 수 있는 것'이 아닌 '해야 하는 것'만을 계획표에 집어넣다 보니 내 능력을 초과하는 기괴한 계획표가 탄생하게 된다. 당연히 지킬 수 없게 되고 3일 뒤에는 또다시 기괴한 계획표를 만들고 있는 자신을 발견하는 것이다.

이런 악순환이 지겹다면 딱 일주일만 학습일지를 써보라. 그걸 가만히 들여다보면 내 능력이 '객관적'으로 보인다. 내가 상상하는 공부 능력이 아니라 눈앞에 쓰인 진짜 나의 공부 능력을 보게 되면 계획도 현실적으로 세울 수 있다. 3일마다 새로 짜야 하는 계획표가 아닌 정말 나에게 꼭 맞는 계획표를 만들 수 있는 것이다.

또한 학습일지를 보면 하루 동안의 내 공부가 어떤지 한눈에 보인다. 어떤 시간에 이떤 공부를 했는지, 자투리 시간은 잘 활용하고 있는지 등을 바로 파악할 수 있다. 게다가 순수한 공부 시간은 얼마나 되는지, 내 공부에서 고칠 점은 무엇인지도 분석할 수 있다.

사실 나는 학습일지를 들여다보면서 하루를 돌아보는 것이 공부의 큰 즐거움 중 하나였다. '하루 동안 내가 이만큼 공부했구나. 오늘 세웠던 계획은 이만큼 지켰으니 며칠 뒤에는 이 문제집을 다 끝낼 수 있겠구나.' 이런 생각을 하며 보람을 느꼈다. 사소해 보이지만 이런 보람은 힘든 공부를 끝까지 해낼 수 있게 만들어주는 원동력이었다.

하루를 반성하고 내일 또다시 시작되는 공부의 의욕을, 학습일지를 기록하는 습관으로 만들어보라. 거기에 내 노력의 흔적을 차곡차곡 적어나가는 것은 친구들과 놀거나 핸드폰을 만지작거리는 것과는 비교할 수 없는 즐거움임을 깨닫게 될 것이다.

이렇게 오늘 하루가 끝났다. 내가 당신에게 알려준 '제대로 공부하는 하루를 사는 법' 중에는 그동안 많이 들어온 말도 있고, 의아한 말도 있을 것이다. 하지만 일단 실천해 보기를 바란다. 내가 말한 조언들이 100% 옳은 진리는 아니겠지만 그동안 나 자신이 실패와 시행착오를 거쳐 경험으로 깨달은 것이니, 당신이 적어도 한 번은 실천해 볼 만한 가치가 있는 조언이라 생각한다.

남들이 보기에 깜짝 놀랄 만한 성과라는 것은 내 인생에 갑자기 찾아온 어떤 특별한 계기로 만들어지는 것이 아니다. 이 책 첫 부분에서 말했듯이, 남들과 다른 인생도 결국에는 남들과는 다른 하루에서 시작되는 것 같다. 그저 어제보다 조금 더 노력하고, 어제보다 조금 더 알차게 보내려 발버둥 치는 그런 하루가 남다른 성과를 만들어내는 게 아닐까?

당신의 고민과 눈물, 그리고 땀이 녹아 있는 학습일지를 한 장 또 한 장 넘기다 보면 언젠가 당신도 자신의 꿈과 만나게 되리라 굳게 믿는다.

중학교,
자기주도학습의 기본을
다져야 한다

초등학교 고학년에서 중학교 2학년 정도까지는 성적이 그럭저럭 잘 나왔으나 중학교 3학년 혹은 고등학교에 올라가니 성적이 폭락하는 학생들이 있다. 나름대로 열심히 공부를 하는데도 이런 결과가 나온다면 학생이나 학부모 모두 황당하면서도 가슴이 답답할 수밖에 없다.

내 경험상 이런 상황은 지나치게 사교육에 의존한 학생인 경우가 많았다. 저학년 때야 외우라면 외우고 풀라면 풀었다. 그러면 성적은 잘 나왔다. 그러나 학년이 올라갈수록 공부해야 할 범위가 넓어지고 사고력과 종합적 이해 능력을 묻는 문제도 많아지는데, 누군가 계획을 짜주고 공부할 내용을 떠먹여 주는 것에 길들어 있다면 점점 힘에 부칠 수밖에 없다.

중학교 때부터 스스로 공부하는 습관을 들여야 한다. 무엇을 공부하고 어떻게 공부해야 하는지 결단하는 연습을 해야 한다. 그렇게 스스로 하루를 계획하고 달성하는 습관을 들여놓은 학생은 고등학교에 올라가면 대부분 성적이 올라간다. 다만 스스로 공부해야 한다는 말이 학원을 모조리 끊고 독서실에 틀어박혀 혼자서 공부해야만 한다는 말은 아니다. 학원에 다니더라도 그것은 내가 세운 계획의 일부여야 한다는 말이다. 사교육에 끌려다니는 것이 아니라 분명한 목적을 가지고 사교육을 이용할 줄 알아야 한다.

내가 아는 남학생의 이야기다. 그는 당시 중학교 3학년으로 성적이 매우 우수했다. 게다가 매우 성실해서 학교에서 내주는 숙제뿐 아니라 학원에서 내주는 과제도 거의 빠짐없이 해 가던 학생이었다. 덕분에 반에서는 거의 1~2등을 놓치지 않았고, 비평준화였던 그 지역에서 명문 고등학교로 소문난 곳에 가볍게 합격했다. 나는 그 학생에게 별다른 일이 일어나지 않는 한, SKY 대학에 무리 없이 들어갈 것이라 예상했다.

그러나 그 학생은 SKY는커녕 서울에 있는 4년제 대학도 못 가고, 자신이 원하던 대학교와는 전혀 다른 지방의 한 대학교에 진학했다고 한다. 나는 그 소식을 듣고 의아해했는데, 나중에야 그 이유를 알 수 있었다. 중학교 때는 학원에서 시키는 대로 하니까 성적이 잘 나왔는데, 고등학교에 오니 뭘 어떻게 공부해야 할지도 모르겠더라는 것이다. 사교육에 끌려다니다 스스로 공부하는 법을 잊어버린 가슴 아픈 경우였다.

내가 수원에서 가르쳤던 학생 중에 중학교 3학년 여학생이 있었다. 이 여학생은 참 독특했다. 평균 점수가 60점 정도인 하위권 학생이었는데, 과외를 시작하는 첫날 나에게 연습장을 하나 내밀었다. 거기에는 자신의 1년 공부 일정표가 적혀 있었다.

"선생님. 올 1년 동안에는 이렇게 공부를 하려고 해요. 여기 보시면 이번 방학 때는 다음 학기 수학 선행학습과 영어 단어 600개, 문법 정리라고 되어 있잖아요? 그러니까 선생님이 해주실 부분이 이거예요! 가능하세요?"

이런 당돌한 학생은 처음이었다. 나는 선행보다는 복습이 필요하다는 말과 함께, 너는 과외를 받든 안 받든 무조건 성적이 오를 거라고 말해주었다. 실제로 다음 학기에 그 여학생은 평균 80점까지 올랐고 영어와 수학은 둘다 90점대를 얻었다. 그리고 몇 년 뒤 서울에서 나는 원래는 4년제 대학이 목표였던 그 여학생을 경희대 캠퍼스에서 다시 만났다.

바로 이 차이다. 스스로 공부한다는 것은 단순히 학원이나 과외를 끊고 방에 틀어박힌다는 게 아니라, 사교육을 이용하더라도 내가 주도한다는 뜻이다. 중학교 때부터 이렇게 스스로 자신의 공부에 대해서 고민하고, 때로는 실패하면서 교훈을 얻기도 하는 그런 다양한 경험을 쌓아두어야 고등학교 때 날아오를 수 있게 된다.

문제는 어떻게 해야 그렇게 될 수 있느냐 하는 것이다. 결론부터 말하면 학생이 스스로 눈을 떠야 한다. 스스로 공부하는 법을 가르치기 위해서 부모님 중에 일부는 '몇 시부터 몇 시까지는 놀지 말고 방에서 스스로 공부하자'라고 다그치기도 한다. 그러나 부모가 시키는 순간 그건 스스로 하는 공부가 아니다.

스스로 공부하고 싶은 마음이 들기 위해서 가장 효과적인 방법은 '역할모델'을 찾는 것이다. 쉽게 말해, 내가 닮고 싶은 구체적인 인물을 찾아야 한다. 공부를 열심히 하면 미래가 어떻게 바뀌는지, 나의 미래를 오버랩시킬 대상이 명확히 있어야 스스로 공부할 의욕도 생기는 법이다.

추천하는 방법은 그 분야에서 뛰어난 사람들의 수기나 에세이를 읽는 것이다. 내가 중학교 때 어머니는 다양한 전기집, 공부 고수들의 책, 각 분야에서 잘나가는 사람들의 에세이 같은 것들을 사 오셨다. 물론 읽어보라 하지는 않고 그저 거실에 던져놓으셨다. (아마 하자고 하면 더 안 하는 나의 성격도 고려하셨을 것이다.) 만약 책 읽기를 강요하고 독후감까지 쓰라 했다면 나는 그들을 닮고 싶어 하는 대신 미워하게 되었을지도 모른다.

외할머니가 TV를 못 보게 하면 나는 그제야 그런 책들을 꺼내 읽었다. 이렇게 사는 사람도 있구나, 공부는 이렇게 했구나, 공부를 잘하는 사람은 이렇게 사는구나. 책을 통해서 나는 세상을 알아가게 되었고, 공부의 의미가 점점 진지하게 다가오게 되었다.

중학교 공부는 영어와 수학의 기초만 잡아놓는 것으로도 충분하다. 두 과목의 기초만 있으면 나중에는 어떻게든 따라잡을 수 있다. 그럼 남는 시간에는 무엇을 하느냐? 중학교 시절에서 가장 중요한 것, 공부보다 더 중요한 것은 자신의 인생 설계도를 그리는 일이다. 인생의 길을 먼저 걸어가 본 선배들의 발자취를 찾아보고 그중에서 내 마음을 뒤흔드는, 너무나 멋져 보여서 나도 그렇게 살고 싶은 인물을 찾는 것이 더 중요하다.

어렸을 때 소아마비를 앓아 장애인이 된 사람이 있었다. 그는 한때 자신의 처지를 비관하며 무척 좌절했지만 마음을 다잡고 열심히 공부했고, 결국 서울대학교 법학과에 합격했다. 이후에는 사법시험에 합격, 대한민국 최초의 장애인 판사가 되었다. 그가 초임 판사로 재직하던 시절에 이런 일이 있었다고 한다.

그의 재판마다 아들을 데리고 방청을 오는 경찰관이 있었다. 초등학생인 아들은 다리가 불편한 장애인이었다. 판사석에 앉은 장애인 판사를 보며, 경찰관 아버지는 아들에게 이렇게 말했다고 한다.

"너도 포기하지 않으면, 나중에 저분처럼 원하는 인생을 살 수 있단다."

부모의 역할은 이런 게 아닐까. 공부하자고, 숙제는 다 했냐고 다그치기보다는 자녀의 역할 모델이 될 만한 사람을 찾아 직접 눈앞에 보여주는 것. 내 생각에, 그 경찰관의 아들은 분명 공부를 대하는 마음가짐이 달라졌을 것 같다. 그리고 지금쯤 그도 어디선가 자기가 원하던 인생을 살고 있으리라 생각한다.

일단 아침에 눈을 뜨면

일분일초, 매 순간 집중해서,

마치 '폭풍이 몰아치듯' 공부를 하자.

그리고 피곤해서

더는 공부할 수 없을 때까지

모든 체력을 그야말로 소진시켜라.

내신 성적,
철저히 관리하는 비법

내신시험 준비는
2주로 충분하다

중간고사 시험 일정이 발표됐다. 마음이 급해진 학생들은 본격적으로 시험 준비에 들어가려고 한다. 그러나 시험 일정이 발표되었다고 해서 곧바로 시험 준비에 들어가는 건 효율적이지 않다. 두 가지 이유에서다.

첫째, 시험이 아직 한 달이나 남았기 때문에 지금 수업 진도는 시험 범위보다 한참 뒤처져 있을 것이다. 그러니 지금 시험 준비에 들어간다고 해도 시험 범위의 절반밖에 볼 수 없고, 나머지는 시험이 가까워오면 또다시 준비해야 한다. 이중의 수고를 해야 하는 것이다.

둘째, 시험 준비를 일찍 시작하게 되면 수업에 상대적으로 소홀해지게 된다. 1장에서 나는 하루 공부의 기본은 그날 들었던 수업을 예습·복습하는 것과 자습 시간을 이용해서 문제를 풀며 오늘 수업 내용을 소화하는 데 있다고 했다. 그러나 시험 준비를 시작하게 되면 이제부터는 자습 시간에 오늘 배운 내용이 아니라 지금까지 배워온 내용을 총정리·암기해야 한다. 여기서 우리가 잊으면 안 되는 사실은 오늘 수업 내용도 중간고사 범위에 들어가는 부분이라는 것이다.

혼히들 공부를 잘하는 사람은 '평소 실력'으로 시험을 친다고 한다. 내 생각에도 이건 정말 진리다. 내가 1장에서 이야기한 방법대로 하루를 보내면 굳이 시험 한 달 전부터 총정리에 들어갈 필요가 없다. 1장에서 말한 공부법 자체가 이미 시험 준비이기 때문이다.

시험 2주 전까지는 평상시대로 공부하면 된다. 그래야 오히려 시험 준비가 편해진다. 나는 시험 일정이 나와도 흔들리지 않고, 평소대로 공부를 했다. 수업을 준비하고, 쉬는 시간에 복습을 하며, 자습 시간에 부족한 부분을 보충했다. 오늘 배운 내용은 오늘 끝낸다는 각오로 2주 전까지는 하루 공부에만 충실했다. 그렇게 공부하니 2주 전부터 시험 준비에 들어가도 새삼스럽게 외워야 하거나 정리할 것이 별로 없었다.

시험이 2주 뒤로 다가오면 그때가 본격적으로 마무리 정리를 할 시간이다. 이때는 어떻게 시험 준비를 해야 할까? 내신 성적을 잘 받기 위해 이 시기를 효율적으로 보내는 몇 가지 비법을 소개한다.

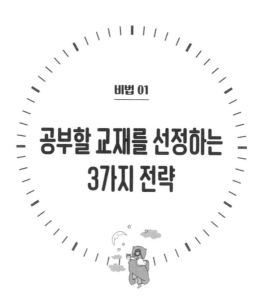

비법 01

공부할 교재를 선정하는
3가지 전략

1. 공부할 내용을 한정하자

많은 학생들이 조급한 마음에 공부할 양을 늘린다. 교과서와 참고서는 물론이고 각종 프린트, 학원에서 정리해 준 교재나 인터넷 강의 교재, 내신 대비용 문제집도 풀어야겠다고 계획한다. 물론 그것을 모두 공부한다면 점수는 잘 나올지 모르나, 그렇게 무리하게 세운 계획은 대부분의 경우 지켜지지 않는다. 또한 몇 과목만 치중하다 보면, 다른 과목에서 의외로 점수가 형편없게 나와 평균점수를 대폭 깎아먹기도 한다.

만약에 자신이 가지고 있는 국어교재가 1, 2, 3, 4 이렇게 네 개가 있다고 가정하자. 대부분 학생은 1, 2, 3, 4 모두 한 번씩 봐야겠다고 계획한다. 그래야 불안하지 않기 때문이다. 그러나 더 좋은 방법이 있다. 공부할 분량은 줄이고, 반복 횟수는 높이는 것이다. 즉 1, 2, 3, 4 전부를 한 번씩 보기보다는 1, 2, 1, 2 이렇게 보고 3, 4는 버린다. 이렇게 공부하는 게 처음 방법보다 더 높은 점수를 받는 비법이다.

전략을 가지고 공부하는 학생들은 공부할 내용을 한정한다. '무엇을 더 볼까?'라는 질문을 던지는 것이 아니라 '무엇을 버릴까?'라는 질문을 던진다.

중요도를 판단해서 시간 대비 효율이 낮다고 판단되는 것은 과감하게 제외하자. 이것저것 많이 보는 것보다는 중요한 한두 가지만 반복해서 보는 것이 내신시험을 잘 보는 비결이다.

2. 주교재와 부교재를 나누라

주교재란 교과서나 선생님이 나눠 주신 프린트처럼 가장 중요한 교재를 말한다. 이건 반복해서 보아야 한다. 반면에 부교재란 내가 스스로 공부하기 위해 샀던 내신 대비용 문제집이나 학원에서 정리용으로 만들어준 교재 등을 말한다. 이런 것들은 참고용으로만 보는 것이 원칙이다.

계획표에는 주교재만 담아라. 그리고 시간이 남을 때 부교재를 보는 것이다. 모두 보겠다고 계획해 봤자 어차피 지켜지지 않는다. 주교재를 보면서 부족한 점이 발견되면 부교재를 참고해서 상세하게 공부해야 시험 준비를 풍부하게, 그리고 효율적으로 할 수 있다.

3. 새로운 교재를 보지 말라

학생들 중에는 의욕이 넘쳐서 시험 2주 전에 새로운 문제집을 사서 푸는 경우가 많은데, 들이는 시간에 비해서 효과가 떨어지는 방법이다. 모르는 내용을 처음부터 다시 이해한 후에, 암기하고 문제를 풀려고 덤벼들면 시간이 많이 소요된다. 게다가 문제가 풀리지 않고 막힐 때마다 자신감이 뚝뚝 떨어져 버리고 공부할 의욕을 잃는다. 자신감은 높은 점수를 받기 위해 꼭 필요한 마음가짐이다.

나는 고등학교 1학년 때 국어 공부를 하면서 교과서만으로는 부족할 것 같아 잡다한 문제집을 많이 봤었다. '이 정도로 열심히 했으니 점수는 당연히 잘 나오겠지'라고 생각했다. 그러나 막상 시험을 쳐보니 결과는 60점대였다. 그 후에 전략을 바꿨다. 공부할 내용을 교과서와 참고서 단 두 권으로 한정했고 대신 반복해서 공부했다. 그랬더니 2학기에는 90점대로 껑충 뛰어올랐다. 공부를 적게 하고도 오히려 점수는 수십 점 상승한 것이다.

꼭 기억하자. 내신 대비는 새로운 교재로 하는 게 아니다. 그저 수업 시간에 진도를 나갈 때 보던 교재를 주력으로 삼아 당시에 선생님이 어떤 말씀을 했었는지 기억을 되새기는 것이 내신시험 준비의 처음이자 끝이다.

비법 02

최고의 내신시험 준비,
설계도는 따로 있다

    연습장을 새로 샀다. 그리고 앞표지 뒷면에 계획표를 그리기 시작했다. 자를 대어 표를 깨끗하게 그리고 빈칸에다 공부할 내용을 적어넣었다. 수요일에는 어떤 공부를 할지, 목요일에 공부하는 과학 과목은 무엇을 공부해야 할지 고민에 고민을 반복했다. 계획표를 만드는 데만 자습 시간을 모두 쏟아부었지만 왠지 공부를 이미 끝낸 것 같은 뿌듯함에 그 시간이 전혀 아깝지 않았다.

    이틀 뒤, 나는 후회했다. 계획표를 수정해야 하는데 이미 연습장 표지에다 볼펜으로 그려놓았으니 찢을 수가 없었다. 할 수 없이 다음 장을 넘겨 표를 다시 그리기 시작했다. 이번에도 자를 대고 표를 그렸다. 그러나 뿌듯한 마음은 들지 않았다. 마치 양념치킨을 먹고 이를 안 닦은 것처럼 기분은 찝찝하기 그지없었다. 게다가 이틀 동안 못 한 공부가 새로운 계획표에 추가되었기 때문에 공부해야 할 양은 훨씬 늘어나 있었다. 수학에서 25점을 받고 반에서 꼴찌를 했던, 고등학교 1학년 마지막 기말고사를 치르기 2주 전 나의 모습이다.

계획표를 나만큼 많이 세워보고 또 많이 수정한 사람도 드물 것이다. 어떻게 내신시험을 준비해야 가장 효율적으로 공부를 할 수 있을까? 밑져야 본전이라는 마음으로 다음 학기에 나는 친구들은 잘 쓰지 않는 방법을 실험적으로 도입해 보았다. 결과는 대성공이었다. 처음으로 1등이라는 것을 해본 여름방학 직전의 시험에서 나는 이 전략이 틀리지 않았음을 깨달았다.

그 방법은 학교 수업 시간표대로 시험 공부를 하는 것이다. 내가 세운 어떠한 시험 공부 스케줄도 학교 수업 시간표보다는 효율적이지 못했다. 일주일 수업 시간표를 보면 어려운 과목은 수업이 많이 배정되어 있고, 그렇지 않은 과목은 적게 배정되어 있다. 그대로만 따라하면 어떤 과목을 며칠 동안 공부해야 할지 고민할 필요가 없었다. 또한 전 과목이 일주일에 걸쳐 고르게 분포되어 있다. 국·영·수 같은 중요 과목은 매일 들어 있다. 완벽한 시험 준비 계획표가 아닌가? 왜 이때까지 이것을 몰랐을까?

자세한 방법은 이렇다. 일단, 시험 2주 전부터 시험 당일까지 수업 시간에 배우는 내용에 관한 시험 공부는 해당 수업 시간에만 한다. 그러면 벌써 시험 공부 분량의 1/4이 줄어든다. 예를 들어 중간고사가 5월 초에 있다면 3월부터 시작해서 8주의 시간이 흐른 후일 것이다. 따라서 시험 2주 전부터 시험 때까지는 수업 시간에 시험 범위의 마지막 1/4을 배우는 셈이다. 이때 배우는 내용은 따로 시간을 들여 공부하는 것이 아니라 수업 시간에 최대한 집중해서 그 시간에 끝낸다는 마음으로 공부하면 공부 분량이 25%나 줄어들게 된다.

수업이 끝난 뒤의 자습 시간에는 오늘 배운 '과목'에 대한 시험 준비를 한다. 수업 시간의 복습이 아니라 그 과목 전체를 공부히는 것이다. 예를 들어 오늘 국어 수업과 수학 수업을 들었다면 자습 시간에는 다른 과목이 아니라 국어와 수학의 시험 준비를 하는 것이다. 왜냐하면 해당 수업을 들은 직후이기 때문에 그 과목에 대한 감각이 남아 있어 훨씬 효율적인 공부를 할 수 있기 때문이다.

예를 들어 일주일 수업 시간표가 다음과 같다고 가정하자.

월	화	수	목	금
국어	사회	수학	과학	사회
과학	영어	국어	수학	영어
미술	체육	음악	독일어	한문

시간표를 보면 일주일 동안 배우는 과목은 전부 10개다. 중요 과목인 국·영·수·사·과는 일주일에 두 번씩 들었고, 암기과목인 미술·체육·음악·독일어·한문은 한 번씩 들었다.

그러면 국어의 경우 월요일과 수요일에 들었으니 시험 공부 할 내용을 반으로 나눈다. 절반은 월요일 자습 시간에, 나머지 절반은 수요일 자습 시간에 공부한다. 또한 월요일에는 미술이 들어 있으므로 월요일 자습 시간에 미술을 모두 끝낸다.

♦

물론 이 방법을 쓰기 위해서는 하루에 다 볼 수 있을 만큼의 공부 분량을 정하는 것이 중요하다. 그 부분에 대한 내용은 앞에서 강조했으니 따로 이야기하지는 않겠다. 어쨌든 이렇게 공부하면 10과목을 일주일 동안에 모두 끝낼 수 있게 된다. 중요한 과목은 많이 공부하고, 덜 중요한 과목은 적게 공부하니 강약도 조절할 수 있다.

만약 이 계획대로 못 지키면 어떻게 해야 할까? 걱정할 필요 없다. 우리에겐 주말이 있다! 토요일과 일요일에는 주중에 계획을 세웠지만 끝내지 못한 공부를 하면 된다.

만약 국어 공부를 월요일과 수요일에 나눠서 하기로 했는데, 마지막 단원풀이 문제를 미처 끝내지 못했다고 가정하자. 그러면 이런 '잉여 공부'는 토요일과 일요일에 모두 끝내는 것이다. 이 방법을 쓰면 설령 계획이 밀리더라도 계획표가 흐트러지거나 다시 작성할 필요가 없다.

일주일에 모든 과목에 대한 공부를 끝내는 스케줄이기 때문에 다음 주에는 한 번 더 반복할 수 있다. 그러면 총 두 번의 반복을 하게 되고, 시험 기간의 공부까지 합하면 세 번을 반복하게 된다.

이처럼 최고의 내신시험 준비 스케줄은 바로 학교 수업 시간표다. 이제부터는 그 스케줄에 따라 여기서 내가 말한 대로 공부해 보기를 바란다. 나도 이 방법 저 방법 많이 써보았지만 이것보다 더 효율적인 내신 공부 스케줄은 발견하지 못했다.

스터디 그룹을 만들어
정보를 공유하자

"쌤! 저 어떡해요? 프린트를 학교에 두고 왔어요!"

과외를 받던 여학생이 새하얘진 얼굴로 나에게 외쳤다. 바로 내일이 시험이었다.

"근처에 사는 같은 반 친구 없어? 가서 받아 와야지. 아니면 내일 아침 일찍 학교 가서 공부하든가."

그 여학생은 조금만 기다리라며 뛰쳐나가더니 1시간 뒤에야 돌아왔다. 시험 전날의 1시간은 평소의 10시간 이상의 가치가 있다. 그러나 그 여학생은 길거리를 뛰어다니는 것으로 날려버린 것이다. 게다가 친구 집에 다녀오고 나니 지쳐서 공부가 잘 안되는 모양이었다. 과외를 받는 내내 좋았고, 다음 날 시험 결과는 당신이 예상하는 대로다.

나는 시험 기간에는 항상 친구들과 함께 도서관에 가서 공부를 했다. 혼자 공부하면 많이 공부할 것 같지만 의외로 진도가 잘 나가지 않는다. 그러나 친구들과 함께 공부하면 자극을 받기 때문에 내 공부에 속도가 붙게 된다. 나는 이제 프린트 한 장을 외웠는데, 같이 공부하는 친구는 벌써 다섯 장을 끝냈다? 그럼 갑자기 정신이 번쩍 들고 긴장감이 생긴다.

게다가 친구들과 시험에 관한 정보도 공유할 수 있다. "야 이거 쌤이 나온다고 하지 않았냐?", "이거는 안 풀어도 된다고 그러셨던가?" 등의 질문을 주고받으며 공부의 강약을 조절할 수 있다. 집에서 혼자 공부해서는 불가능한 일이다.

서로 필기한 것을 돌려 보며 부족한 부분을 보충할 수도 있다. 같은 교과서, 같은 프린트라도 사람마다 필기한 것은 다르다. 친구들의 교과서나 필기노트를 내 것과 비교해서 보면 공부가 훨씬 풍부해진다. 사람은 자기가 보는 부분만 자꾸 눈에 들어온다. 그러나 친구가 필기한 것을 보면 '아, 이 부분도 중요하겠구나'라는 생각이 들면서 평소에 눈여겨보지 않던 것도 다시 한번 보게 된다. 혼자 공부하는 것보다 점수가 높게 나올 수밖에 없다.

열람실에서 나와서 친구들과 서로 질문하는 것도 큰 도움이 된다. 혼자 외울 때는 머리가 잘 돌아가지 않지만 서로 질문을 하면 훨씬 잘 외워진다. '만약 내가 선생님이라면 어떤 문제를 출제할까?' 생각하면서 공부하면 시험 준비를 더 효율적으로 할 수 있는데, 친구들과 함께 하면 그 과정이 훨씬 쉬워진다.

물론 시험 기간에는 공공도서관에 자리가 없는 경우가 많다. 그럴 땐 친한 친구 세 명 정도 모여 한 집에서 공부한다든가, 시험 기간 동안 같은 독서실을 다닐 수도 있다. 혹은 자신이 다니고 있는 교회에 공부를 할 수 있는 공간이 있다면 그런 곳도 훌륭한 장소가 될 수 있다. 다만 같이 공부하는 친구들이 불과 30분 공부했을 뿐인데도 뭐 먹으러 나가자고 꼬드기는 친구들은 절대 아니어야 한다.

내신 성적을 올리는 문제집 활용법

문제집을 활용하는 데도 원칙이 있다. 많은 학생들이 단원 내용을 공부한 후에 '테스트용'으로 문제를 풀어본다. 예를 들면 다음과 같은 식이다.

'단원의 내용을 모두 읽고 외웠으니 이제 문제를 풀어보자.'

그리고는 문제집을 꺼내 30분 동안 연습문제와 종합문제 혹은 '실력 UP! UP!' 등의 문제를 푼다. 다 푼 뒤에는 곧바로 정답을 보며 점수를 매겨 본다. 그리고 해설을 보며 내가 표시한 ③번이 왜 오답인지, ⑤번이 정답인 이유는 무엇인지 확인한 후에 문제집을 덮는다.

공부를 안 하는 것보다야 낫겠지만 이렇게 평범하게 문제집을 풀면 효율이 떨어진다. 30분 만에 두세 장의 문제를 풀고 나면 마음은 뿌듯할지 몰라도 내가 방금 푼 문제와 똑같은 문제는 절대 시험에 나오지 않는다는 사실을 기억해야 한다. 중요한 것은 문제가 아니라 그 문제가 묻고 있는 단원의 내용이다. 문제집도 결국은 그 내용을 더 잘 이해하고 기억하기 위한 보조 수단일 뿐이다. 그러면 문제집은 어떻게 공부하는 것이 좋을까?

예를 들어 문제집에 다음과 같은 문제가 있다고 가정하자.

문제 원소에 대한 설명 중 옳은 것은?

① 바륨의 불꽃반응색은 청록색이다.
② 스펙트럼으로 구별할 수 있다.
③ 홑원소물질은 더 이상 분해할 수 없다.
④ 우주에 가장 많은 원소는 He이다.
⑤ 나트륨의 원소기호는 N이다.

해당 단원의 내용을 공부한 중학생이라면 정답은 ②번임을 쉽게 알 것이다. 문제는 정답을 표시하고 난 다음이다. ①번 보기를 보면서 바륨의 불꽃반응색이 청록색인지 주황색인지, 아니면 황록색인지 기억하지 못하는 자신을 발견하게 된다. 그 순간 가슴이 철렁 내려앉는다. 교과서를 뒤적여서 확인을 해볼까 하는 생각이 잠깐 들지만 곧 다

른 생각이 머릿속을 지배한다.

'아이, 뭐. 어쨌든 정답은 맞았잖아? 일단 진도가 급하고 시간이 없으니 넘어가자. 저건 나중에 또 보게 되겠지.'

이렇게 구렁이 담 넘어가듯 다음 문제로 넘어간다. 그러나 실제 내신시험에서 발목을 잡는 것은 항상 저렇게 어물쩍 넘어간 부분이다. 학교 선생님은 수십 년간 그 과목만 가르치면서 내신시험을 출제해 온 베테랑이다. 그분들은 학생들이 어떤 부분을 외우기 싫어하는지, 어떤 부분을 실수하는지 너무도 잘 안다는 사실을 반드시 기억해야 한다.

◆

나는 단순히 문제를 풀고 점수를 매기는 방식으로 문제집을 활용하지 않는다. 오히려 문제를 풀면서 관련되는 내용을 떠올리고 부족한 부분을 찾는다. 말하자면 '문제 풀이를 통한 내용 리뷰'라고 할 수 있다. 예를 들면 앞의 문제에서는 보기 ①번을 보는 순간 이런 의문이 생길 수 있다.

'내가 불꽃반응색은 다 암기하고 있나? 어디 보자. 리튬은 빨간색, 나트륨은 노란색, 칼슘은 주황색, 칼륨은……. 어라? 칼슘이 아니라 칼륨이 주황색이던가?'

그럼 문제 옆에다 바로 〈칼륨과 칼슘의 불꽃반응 색깔 구분?〉이라고 적어둔다. 마찬가지로 다른 보기들도 살펴보면서 관련 내용을 떠올리며 내가 무엇을 모르는지 점검한다. 떠올리기 힘든 것이 있으면 정답을 확인하기 전에 모두 적어둔다.

그렇지 않고 점수를 매기고 난 후에 다시 문제를 보게 되면 맞힌 문제는 더 이상 쳐다보기 싫어진다. 이상하게도 일단 점수를 매기고 나면 문제를 풀면서 어떤 의문이 들었는지 하나도 생각나지 않는다. 그래서 의문이 생기면 그때그때 바로 적어두는 것이다.

정답을 맞히고 틀리고는 중요하지 않다. 문제집은 내가 아는 것과 모르는 것을 파악하기 위해서 푸는 것이다. 그리고 그것은 점수를 매긴 후에 알게 되는 것이 아니라 문제를 대하는 순간 알 수 있다.

보기 ⑤번을 보면서 내가 원소기호들은 제대로 알고 있는지 떠올려보자. 만약 모르는 내용이 있으면 문제집 여백에 〈원소기호 암기 점검〉이라 적어놓고, 교과서나 참고서를 뒤적이며 해당 내용을 찾아서 확인해야 한다.

◆

물론 이렇게 공부하면 시간이 오래 걸린다. 한 문제만 풀어도 5분, 10분이 걸리게 된다. 그러나 단순히 빠르게 풀고 점수를 매기는 방식보다는 훨씬 많은 것을 알게 된다. 그 결과 적은 양의 문제를 풀어도 내용을 완벽히 머릿속에 입력할 수 있다. 아이러니하게도 더 많이 공부하는 것 같아 보이지만 결과적으로는 더 적게 공부하는 것이다.

내신 대비용 문제집이라면서 이것저것 문제집들을 사다놓고 많이 풀어대던 친구들이 있었다. 그들은 문제집을 넘겨가며 빨간색 색연필로 쓱쓱 점수를 매긴 후 덮어버렸지만 나는 문제 하나를 풀면서도 교과서를 몇 번이나 뒤적였다.

시험을 치르고 나니 서너 권의 문제집을 풀었던 친구들은 80점대의 점수가 나왔지만, 나는 한 권만 풀고도 대부분의 교과목에서 90점대 이상의 점수를 받았다.

비법 05
요령이 있으면
암기가 쉬워진다

　　대학교에서는 일부 과목의 경우 책을 참고하면서 시험을 보기도 한다. 일명 오픈 북 테스트다. 그러나 중·고등학교에서뿐만 아니라 사회에서의 시험은 대체로 책 없이 치르는 것이 원칙이다. 따라서 이해력도 중요하고 논리력과 창의력도 중요하겠지만 점수에 직결되는 능력은 결국 '기억력'이다.

　　머릿속에 특정 정보가 들어 있어야 그 정보를 바탕으로 이해하고 논리적으로 분석할 수 있다. 특히 내신시험은 특정 사실을 기억하고 있는지를 측정하는 문제가 대부분이다. 어떻게 하면 좀 더 기억력을 높여서 시험 성적을 올릴 수 있을까?

1. 자신감을 가져야 한다

'나는 머리가 나쁘니까'라고 생각하며 지레 겁을 먹으면 그걸로 끝나버린다. 암기를 잘하려면 우선 자신의 기억력에 대해 자신감을 가져야 한다. 몇 번이고 반복해서 외우면 결국 외워질 것이라는 마음으로 달려들어야 한다.

"나는 머리가 나쁜데 어떻게 자신감을 가지나요?"라며 항변하는 학생이 있을지도 모르겠다. 그러나 자신감은 꼭 근거가 있어야만 생기는 것은 아니다. 차근차근 외우면 결국은 외울 수 있다는 자기암시를 걸면 없던 자신감도 생겨난다. 자신감이 생기면 잠들어 있던 머리가 깨어나 암기 실력이 훨씬 좋아진다.

2. 외우기가 지겹다면 상상하며 공부하라

예전에 나는 '근대 조선의 3대 개혁'에 관해 외우면서 좌절을 느낀 적이 있었다. 갑오개혁과 을미개혁, 그리고 광무개혁의 내용을 외우고 있었는데 아무리 반복해서 암기해도 외워지지 않았다. 외웠다고 생각하고 책을 덮은 순간, 도량형을 통일한 것이 무슨 개혁 때의 일인지 또다시 헷갈렸다.

내가 왜 이것을 못 외우는 것인지 곰곰이 생각해 보았다. 그것은 바로 '지겨움' 때문이었다. 단순히 시험을 위해서 먹기 싫은 밥을 억지로 꾸역꾸역 먹듯이, 지겨워하며 외웠기에 암기가 잘 안됐던 것이다.

그래서 나는 어떻게든 흥미를 가지려고 노력했다. 가장 좋은 방법은 '상상하기'다. 연습장에 시커멓게 '한성은행-광무개혁, 한성은행-광무개혁'이라고 반복해서 쓰던 작업을 그만두고, 내가 타임머신을 타고 그때로 돌아갔다고 생각해 보았다. 눈을 감고, 당시 서울 시장 한복판에서 누군가 나에게 말을 거는 장면을 상상한 것이다.

"이보게 박영감, 어딜 갔다 오는가?"

"이번에 새로 생긴 한성은행에 들렀다 오는 길이네. 거기 가보니 벽에 '대한국제'가 걸려 있더구만. 고종 황제께서 직접 맹글었다는 거라지? 아참, 그리고 나 쌀 한 됫박만 주게."

"됫박이 뭔가, 됫박이! 자네 갑오년에 도량형이 통일된 것도 모르나? 자넨 아직도 구식이구만. 허허허."

이런 식으로 상상을 하니 갑자기 공부가 흥미로워졌고, 외우려고 굳이 노력하지 않아도 이미 교과서의 내용이 머릿속에 들어가 있다는 사실을 깨달았다. 지구과학의 경우는 내가 지구탐사대의 팀장이 되었다고 상상했다.

"팀장님! 우리가 서 있는 이곳은 정단층인 것 같습니다."

"아니? 자네! 학교 다닐 때 수업 시간에 졸았나? 기울기의 방향으로 보아 이것은 정단층이 아니라, 역단층일세!"

"오옷! 역시 팀장님이십니다. 존경스럽습니다."

"훗! 됐으니까 가서 팀원들 소집시켜! 셰일이 있는 것을 보니 화석이 존재할 가능성이 커!"

분명 조금 전까지만 해도 지겨워서 죽을 것 같던 공부가 갑자기 재미있어졌다. 눈앞에 있는 지식이 모래알처럼 삭막하고 죽은 지식이 아니라 생생한 '정보'로 바뀐 것이다. 결과가 이렇게 정반대로 달라진 이유는 간단했다. 어떻게든 흥미 있게 암기하기 위해 노력했기 때문이다.

상상하자. 그러면 억지로 외우지 않아도 머릿속에 들어 있게 된다.

3. 연상을 이용해 여러 정보를 하나로 묶어라

사람의 머리는 어떤 자극을 받으면 그 자극과 관련된 또 다른 사항을 떠올린다. 예를 들어 '공원'을 떠올리면 '벤치'가 자동으로 떠오르고, '소녀'를 떠올리면 '소년'이 떠오르는 식이다. 무엇인가를 기억한다는 것은 연상으로 저장한다는 것을 의미한다. 따라서 암기를 잘하기 위해서는 이 연상의 법칙을 잘 활용해야 한다.

연상에는 세 종류가 있다. 공원과 벤치처럼 서로 시간적으로나 공간적으로 가까운 개념이 함께 떠오르는 것을 '접근 연상', 소녀와 소년처럼 서로 반대되는 개념이 함께 떠오르는 것을 '반대 연상'이라고 한다. 그 밖에 '너구리와 수학 선생님'처럼 유사한 개념이 함께 떠오르는 것을 '유사 연상'이라고 한다. 암기를 할 때는 이 세 가지를 활용해서 의미 있는 정보들을 하나의 '암기단위'로 묶어야 한다. 예를 들어 다음의 내용을 암기해야 한다고 가정해 보자.

> 백제 근초고왕은 삼한 중 마한을 정복했고, 중국이 5호 16국으로 분열되자 그 틈을 타서 요서지방과 산둥지역에 진출 거점을 마련하였다. 371년에는 고구려 평양성을 공격하여 고국원왕을 전사시켰다. 또한 박사 고흥에게 국가기록을 맡겨 서기를 쓰게 하였다.

이 내용을 학생들 대부분은 이렇게 정리한 후 연습장에 쓰면서 무작정 외운다.

백제 근초고왕: 마한정복, 요서와 산둥진출, 평양성 공격, 고국원왕 전사, 서기

그러나 그렇게 무작정 외우면 암기하기가 힘들다. 외워야 할 분량

이 늘어나고 머릿속에 여러 가지 내용이 입력되면 외웠던 정보들이 이리저리 흩어지기 시작한다. 그래서 나중에는 근초고왕이 정복한 것이 마한인지 진한인지, 평양성에서 전사한 왕이 고국천왕인지 고국원왕인지 헷갈리게 된다.

연상을 이용해 묶어보자. 근초고왕의 업적 중에 정복에 관한 것은 세 가지다. 마한과, 요서, 산둥. 이 세 가지를 접근 연상을 이용해서 덩어리로 외운다. 두문자를 이용해서 '마요산'이라고 외워도 좋고, '마요네즈 사세요'라고 외워도 상관없다. 묶어서 외운다는 것이 중요하다.

고국원왕 이야기를 포함시키지 않은 것이 포인트다. 같은 연상이 아니기 때문이다. 마한과 요서, 산둥은 모두 근초고왕이 정복한 지역인데, 고국원왕 하나만 왕의 이름이니 당연히 헷갈릴 수밖에 없다. 억지로 포함시켜 외운다면 '마요산고'가 되는데, 나중에는 이 '고'라는 글자가 무엇을 의미하는지 쉽게 잊어버린다.

'고? 이게 뭐였지? 고구려였던가? 아님, 고구마? 헐, 그럴 리가?'

이런 식으로 되어버린다. 따라서 고국원왕은 반대 연상을 이용해서 묶는다. 같은 시기에 고구려, 백제, 신라의 왕을 묶어내 따로 접근 연상을 만드는 것이다.

4세기 : 고국원왕 (고구려), 근초고왕 (백제), 내물왕 (신라)

이런 식으로 또 다른 연상 단위를 만들어서 외운다. 그러면 세 가지 정보를 하나의 덩어리로 외울 수 있다.

연상을 이용하면 전혀 의미가 없는 것들도 암기할 수 있다. 또한 교과서의 내용과 실생활의 모습을 연결 지을 수도 있다. 예를 들어 집에서 학교로 가는 길에 있는 건물들에 차례로 이름을 붙이는 것이다.

동학운동 건물, 청일전쟁 건물, 갑오개혁 건물, 을미사변 건물….

이렇게 학교로 가까워질수록 최근 사건 순으로 이름을 붙인다. 그러면 시험 때 어떤 사건이 먼저 일어났는지 묻는 문제가 나올 경우, 집에서 학교로 가는 길에 있는 건물을 차례대로 떠올리면 쉽게 기억이 나는 원리다.

'어디 보자. 국민은행 건물이 동학운동이었지? 그다음에 있던 세븐일레븐이 청일전쟁이었으니까, 동학운동이 가장 먼저 일어난 사건이군!'

이런 식으로 암기하는 것이다. 즉, 연상이라는 것은 짝짓는 사람 마음이라서 어떻게든 짝지어서 외워두면 하나를 떠올리면 다른 하나가 자동으로 떠오르게 된다. 이것을 훈련하면 나중에는 훨씬 많은 연상을 묶는 것이 가능하다. 고구마 줄기를 잡고 뽑으면 수십 개의 고구마가 같이 딸려 나오는 것처럼 말이다.

4. 네 시간 동안 깊게 보는 것보다 한 시간씩 네 번 보라

암기는 반복이 생명이다. 오랜 시간을 들여 실컷 외웠더라도 시간이 지나면 점점 기억이 희미해지기 시작한다. 암기를 잘하기 위해서는 '희미해지려는 순간' 다시 한번 외워주는 센스가 필요하다.

그 '희미해지려는 순간'은 사람마다 다르다. 어떤 사람은 반나절 뒤일 수도 있고, 어떤 사람은 하루 뒤일 수도 있다. 얼마큼의 시간이 지나면 자신의 기억이 사라지는지 판단해서 그때마다 다시 외워줘야 한다.

두 번째 외울 때는 첫 번째보다 시간이 많이 걸리지 않는다. 또한 반복 횟수가 늘어남에 따라 기억되는 양도 많아지기 때문에 무한정 반복할 필요도 없다.

5. 기억한 뒤에는 반드시 뇌를 쉬게 하자

기억과 수면에 관한 젠킨스와 댈런배크의 공동 연구 결과를 보면 암기 후에 뇌를 쉬게 하는 것이 얼마나 중요한지 알 수 있다. 암기를 끝내고 난 뒤 2시간 수면을 취하면 그렇지 않은 경우보다 기억력이 두 배 더 증가하는 것으로 나타났다. 8시간을 자면 그렇지 않은 경우보다 다섯 배 이상 기억력이 높아졌다.

시험 기간 중에 그날 시험이 끝나면 바로 집으로 들어가 잠들었다가 저녁에 일어나 밤새워 공부하는 친구들이 많았다. 밤에 잠들면 애써 공부했던 내용을 모두 잊어버릴까 두려워서일까? 그러나 위 연구 결과에 따르면 효율이 1/5로 줄어드는 공부를 하는 셈이다.

나는 시험이 끝나면 잠을 자는 대신 바로 도서관으로 달려가 내일 볼 시험 공부를 했다. 그리고 다음 날 아침에 일어나자마자 전날에 봤던 것을 눈으로 대강 훑어보면 거의 대부분의 내용이 되살아났다. 그 결과 밤샘 공부를 한 친구들보다 훨씬 좋은 점수를 받았다.

비법 06

실전에서 가장 큰 힘을 발휘하는 오답노트

　　굳이 노트까지 만들어 오답을 정리할 필요는 없다고 말하는 사람도 있다. 하지만 그건 오답 정리에 너무 많은 시간을 소모하는 것을 경계하는 말일 뿐 오답 정리의 중요성 자체를 부정하는 말은 아니다. 시험을 앞두고 있다면 오답 정리는 반드시 해야 하는 작업이다.

　　나는 수능시험을 보는 날 오답노트만 들고 갔다. 시험 직전 마지막으로 봐야 할 것은 그곳에 다 정리되어 있었다. 암기과목뿐만 아니라 국·영·수도 오답노트를 만들어두었는데, 시험을 치르는 데 큰 도움이 되었다. 비단 나뿐만 아니라 입시에 성공한 많은 수험생들이 입을 모아서 오답노트의 중요성을 강조한다.

1. 오답노트를 어떻게 만들어야 할까?

오답 정리는 두 가지 방식이 있다. 문제집의 틀린 부분을 그냥 다시 보는 방식과 그걸 노트로 따로 정리하는 방식이다. 각각 장단점이 있다. 노트로 정리하면 한눈에 보기는 편하겠지만 만드는 데 시간이 많이 걸린다. 반면, 문제집 한 권에서 꼭 봐두어야 할 오답이 몇 개 안 될 수도 있는데 그걸 보기 위해 문제집들을 모두 시험장에 들고 가는 것은 비효율적이다. 이런 경우는 노트에 따로 정리하는 편이 더 편할 수도 있다.

참고로 나는 내신시험은 문제집을 다시 풀며 오답 정리를 했고, 수능시험은 따로 노트를 만들어서 오답 정리를 했다.

만약 당신이 노트를 따로 만들기로 결심했다면 꼭 기억해야 할 것이 있다. 오답노트를 만드는 것 자체는 공부가 아니라는 점이다. 정리된 오답을 다시 한번 반복하며 복습하는 시간이 공부다. 우리의 목표는 성적 향상이지 책을 출판하는 것이 아니므로 오답노트를 만드는 데 시간을 많이 쓰는 것은 좋지 않다. 그런 면에서 볼 때 틀린 문제를 그대로 노트에 옮겨 적는 것은 시간상으로 비효율적인 방식이다.

시간을 적게 들이고도 효율적인 오답노트를 만드는 방법이 있다. 오답을 노트에 옮겨 적지 말고 문제 그대로 가위로 잘라 내라! 나는 문제집을 아까워하지 않고 모두 오려 냈다. 물론 교과서와 자습서, 그리고 『개념원리 수학』 같은 '기본서'는 오려 내면 안 된다. 그런 책들은 졸업할 때까지 반복해서 봐야 하기 때문이다. 하지만 그 외의 문제집이나 모의고사 모음집은 아까워하지 않고 가위를 댄다. 쉽게 생각해서 어차피 한 번 풀고 버릴 것 같은 문제집은 그렇게 엑기스라도 뽑아내는 것이다.

오답노트를 과목별로 따로 만들어도 좋고, 두꺼운 노트 한 권에 모든 과목을 정리해도 좋다. 오답이 적은 상위권 학생은 후자가 편할 것이다.

한편 내가 틀린 문제라고 해서 모두 오답노트로 정리하는 것은 바람직하지 않다. 그러면 나중에 공부해야 할 것이 너무 많기 때문이다. 정말 중요한 오답만 추려내는 것이 중요하다. 상위권 학생이야 틀리는 문제가 얼마 없을 테니 몇 개만 오려 내면 될 것이다. 그러나 중위권 이하의 학생은 한 번의 모의고사에도 오답이 수십 개는 된다. 이 모든 것을 오답노트에 정리할 수는 없으니 반드시 추려내야 한다.

보통 수능 모의고사 한 번마다 각 과목별로 5문제씩만 추려내도 충분하다. 여러 가지를 포괄적으로 묻는 문제, 같은 실수가 반복되는 문제, 정말로 어려웠던 문제를 골라서 정리한다.

만약에 본인이 생각해도 정말 좋은 문제가 있으면 정답을 맞혔다 하더라도 오답노트에 정리해 두는 것이 좋다. 수학이나 과학인 경우 풀이 과정에서 내가 배울 것이 많다면 그것 역시 정리해 두자.

2. 내가 사용한 오답노트의 방식

오답노트를 만드는 방식은 사람마다 천차만별이다. 여기서는 내가 오답노트를 만드는 방식을 소개하고, 그렇게 하는 이유에 대해서 설명하려고 한다. 지금부터 소개하는 것은 수많은 오답노트 작성 방식 중에 하나일 뿐이다. 여기에 정답은 없다. 자신에게 맞을 것 같은 부분만 선택해서 활용하면 된다.

① 굵은 매직펜으로 틀린 문제의 테두리를 친다. 나중에 오답노트 한 면에 여러 개의 오답을 붙일 텐데, 그때 서로 구분하기 위해서다.

② 만약 뒷장에도 틀린 문제가 있다면 앞뒤를 넘겨 보며 두 문제가 모두 보이게 잘라 낸다. 옆으로 넘기는 문제집인지, 뒤로 넘기는 문제집인지에 따라 스카치테이프를 붙이는 자리가 달라질 것이다.

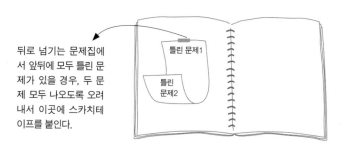

뒤로 넘기는 문제집에서 앞뒤에 모두 틀린 문제가 있을 경우, 두 문제 모두 나오도록 오려내서 이곳에 스카치테이프를 붙인다.

③ 오답노트 여백에 문제유형이나 틀린 이유, 보충 해설을 적어 두는 것도 좋다. 문제집 뒤에 있는 해설을 '옮겨 적는 것'도 좋지만 내용이 많다면 그것도 오려내자. 나는 해설의 경우 문제 밑에 이어서 붙이곤 했다.

④ 드디어 완성! 굵은 매직펜으로 테두리를 쳐둔 덕분에 이렇게 여러 장을 겹쳐놓아도, 몇 문제가 있는지 한눈에 알 수 있다.

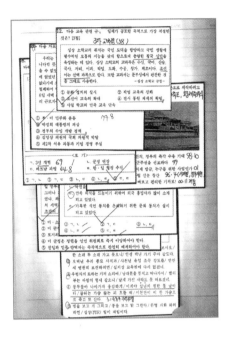

비법 07

시험이 코앞일 때 써먹는
암기 비법

내일이 시험인데 아직도 못 외운 게 있는가? 진정하자. 시험 직전에 써먹을 수 있는 응급 처방 두 가지를 알려주겠다.

1. 커닝 페이퍼를 만들자

암기를 하려면 우선 정리부터 해야 한다. 꼼꼼하고 예쁘게 노트를 꾸미라는 말이 아니다. 쉽게 생각해서 '커닝 페이퍼'를 만든다고 보면 된다. 예를 들어 한국사 참고서에 다음과 같은 내용이 있다고 하자.

> 고려 태조는 정책 토지·조세 제도를 개혁하여 3년간 부역과 조세를 면제하고
> 세금은 생산량의 1/10만 거두는 정책으로 농민 생활을 안정시켰다. 사심관제도
> 와 기인제도를 통해 지방호족을 견제했으며 노비 천여 명을 해방시켰다. 각 지
> 방의 유력 가문에 왕씨 성을 하사하거나, 그 가문과 혼인관계를 맺어 지방호족
> 세력을 포용하였다. 서경(평양)을 중시하였는데 이는 북진정책을 의미한다.

이것을 그대로 암기하는 건 당연히 비효율적이다. 정리하고 추려
내서 최대한 압축해야 한다. 문장을 단어로 바꾸고, 긴 단어는 짧은
단어로 축약하자. 그럼 이렇게 될 것이다.

고려 태조 정책: 3년간 부&조 면제, 1/10, 사심관, 기인, 천 명, 서경북
진, 왕씨 성, 혼인

한번 외운 내용이므로 이렇게만 정리해도 본인은 무슨 뜻인지 알
수 있다. 이렇게 축약해 놓으면 수첩에 적어서 자투리 시간에 외우기
도 편하다. 암기를 잘하는 첫 단계는 이렇게 축약과 정리를 통해 '커닝
페이퍼'를 만드는 것이다.

2. 두문자를 만들자

실제로 시험을 칠 때 커닝 페이퍼를 꺼내 보는 것은 당연히 반칙이다. 그러니 축약한 정보를 머릿속에 집어넣어야 한다. 가장 좋은 방법은 역시 '두(頭)문자 암기법'이다. 두문자, 즉 머리글자를 따서 외우는 것이다. 고려 태조가 시행한 정책의 예를 다시 보자. 커닝 페이퍼에는 이렇게 적혀 있다.

고려 태조 정책: 3년간 부&조 면제, 1/10, 사심관, 기인, 천 명, 서경북진, 왕씨 성, 혼인

첫 글자만 따보면 '3 - 1 - 사 - 기 - 천 - 서 - 왕 - 혼'이 된다. 이대로 외워도 되고, 억지로 의미를 갖다 붙여도 된다. '31번 사기 쳐서 왕의 혼을 얻었다.' 정도로 의미만 부여해도 웬만하면 잊어버리지 않는다.

이 방법은 대학교에서도 써먹을 수 있다. 내가 전공한 법학과는 외울 것이 많기로 악명이 높다. 교과서 한 권이 2000페이지가 넘고 핵심만 요약한 교재도 1000페이지가 넘는다. 보통 한 과목당 교과서와 문제집, 판례집, 사례집 등 열 권 정도를 보게 되는데, 그럼 한 과목에만 공부할 게 최소 1만 페이지가 넘는다는 말이다. 이게 그림책도 아니고 의미도 어려운 법률용어들인데, 그 안에 있는 딱딱한 내용을 어떻게 다 외울까?

이때도 역시 두문자다. 예를 들면 '기병대가 상경하면 재판이 정지된다!'는 말이 있다. 기피신청, 병합심리, 재정신청, 심신상실, 공소장변경은 재판이 정지되는 이유들인데, 이 단어들 중 핵심적인 한 글자씩만 따서 '기병대가 상경한다!'라고 억지로 만든 것이다. 심지어 이런 두문자만 모은 책들도 나와 있는데, 아주 인기가 좋다고 한다.

잘 안 외워진다고 울상 짓기 전에 내가 지금까지 두문자를 몇 개나 만들었던가 생각해 보자. 글자들을 이리저리 배치하면서 '어떻게 하면 잘 외워지는 두문자를 만들까?' 하고 궁리해 보자. 그런 두문자들을 모아서 나만의 '두문자 노트' 또는 '두문자 수첩'을 만들어보자. 혹시 아는가? 언젠가 당신의 두문자 노트가 책으로 나올지도 모를 일이다.

시험 당일에 가져야 할 마음가짐

고등학교 2학년 때의 내게는 시험에 임박해서 머리를 깎으면 시험을 망치는 징크스가 있었다. 그래서 시험을 앞두고서는 머리를 깎지 않았다. 앞머리가 눈을 찔러도 학생주임 선생님한테 핀잔을 들어도 꼿꼿이 버텼다. 머리를 깎으면 시험을 망칠 것 같았다. 그러던 어느 날, 문득 거울을 보다가 이런 생각이 들었다.

'내가 그동안 공부한 것이 고작 머리카락에 좌우될 만큼 보잘것없는 노력이었단 말인가? 그 시간이 머리 한번 깎으면 효과가 없어질 만큼 쓸모없는 것이었나?'

갑자기 화가 나서 그날 머리를 '박박' 밀었다. 바로 시험 전날이었다. 징크스에 대한 정면 도전인 셈이다. 물론 시험을 망칠까 봐 겁도 났지만 이러다가 평생 징크스에 끌려다닐지 모른다는 생각에 용기를 냈다. 그리고 그 시험에서 나는 난생처음 1등을 했다.

징크스는 사람의 힘으로 어쩔 수 없는 불운을 말한다. 일종의 미신이며 인과관계가 없는 우연이다. 평소 운명을 믿지 않는 사람도 우연히 같은 일이 몇 번 겹치다 보면 징크스가 생긴다. 나 같은 경우는 '머리를 깎는 것'이 징크스였던 셈이다.

주위를 보면 공부를 정말 잘하는 학생들은 징크스가 없다. 대개는 준비를 철저히 하지 않은 학생들이 불안한 마음에 지푸라기라도 잡는 심정으로 스스로 징크스를 만들어 합리화하는 것이다.

약해지지 말자! 볼펜을 '떨어'뜨리니 입시에서 '떨어'질 것 같아 불안한가? 그런 생각이 들면 필통에 있는 볼펜을 모두 바닥에 떨어트려라. 징크스에 정면으로 맞서라. 당신이 그동안 쏟은 노력은 볼펜 한 자루에 의해 좌우될 만큼 하찮은 것이 아니다.

시험을 칠 때 '나는 풀 수 있다'라는 자신감은 필수다. 처음 봤을 때는 모르는 문제라고 생각했는데 '풀 수 있다'고 생각하니 정말로 풀리는 경우가 많았다. 만약 그때 '어쩌지, 이건 못 풀 것 같은데……'라고 포기해 버렸다면 맞힐 수 있는 문제도 틀렸을 것이다.

그렇다면 자신감은 어떻게 키울까? 어떤 학생은 자신감을 북돋기 위해 "나는 자신 있다. 나는 할 수 있다"라고 계속 중얼거린다. 그런 반복적인 자기암시도 물론 효과가 있을 것이다. 그러나 자신감이란 끝없이 노력한 과거의 기억에서 자연스럽게 흘러나오는 감정이다. 시험을 앞두고 있다면 그동안의 노력을 기억하자. 당신은 충분히 고생했다. 정말로 가치 있는 노력이었다. 열심히 풀었던 수학 연습장, 손때가 까맣게 묻은 기본서, 두꺼운 오답노트를 넘겨 보라. 그것은 당신이 노력한 흔적들이다.

시험지가 배포되기 시작하면 눈을 감고 이걸 공부하던 자신의 모습을 떠올려라. 당시에는 힘들고 지긋지긋했지만, 이제는 그 어떤 것보다 강력한 효과를 발휘하는 부적이 되어 자신감을 심어주고 흔들리는 마음을 지켜줄 것이다.

스스로를 믿는 힘은 더없이 강력하다. 그동안의 노력을 떠올리며 감았던 눈을 뜨면 이제 당신은 자신의 꿈을 현실로 만들 수 있는 기회가 바로 눈앞에 펼쳐졌음을 알게 될 것이다.

시험 당일, 문제는 이렇게 풀어라

1. 시험지를 나눠 주기 전까지 기본서 혹은 오답노트를 손에서 놓지 말자.
2. 시험지를 받으면 처음부터 끝까지 빠르게 한번 훑어보라. 모두 몇 문제인지, 점수 배점은 어떻게 되어 있는지, 난이도는 어때 보이는지 대충 살펴보라.
3. 쉬운 문제부터 풀어라. 그래야 자신감이 생기고 시험을 매끄럽게 시작할 수 있다.
4. 한 문제에서 막혔다고 당황하는 것은 금물이다. 별표를 쳐놓고 일단 넘어가라. 이어지는 문제들에서 힌트를 얻을 수도 있다.
5. 문제의 지시문 중에서 핵심어는 밑줄이나 동그라미를 치면서 읽어라.

'~이 아닌 것은?', '모두 골라라' 등의 문제에 특히 주의해야 한다.

6. 함수나 도형 문제는 문제로 나온 그래프나 도형을 스스로 직접 그려보라. 다시 그리면서 풀이 아이디어가 떠오르는 경우가 많다.

7. 풀이 아이디어나 관련 개념이 도저히 떠오르지 않는다면 일단 무엇이든 적어보라. 눈에 뭔가 보이면 갑자기 힌트가 떠오르기도 한다.

8. 100% 실수라고 확신하지 않는 이상 처음에 결정한 정답을 바꾸지 말라.

9. 시험 중간중간에 지금까지 푼 문제들의 정답을 답안지에 미리 옮겨놓으라.

10. 시간이 남으면 앞부분 문제부터 다시 풀어보라. 대부분의 실수는 앞에서 발생한다.

슬럼프,
빠르게 탈출하는 방법

슬럼프에서 벗어나야
막힌 성적이 뚫린다

의욕이 없으면 공부가 괴롭다. 공부가 괴로워지면 계획을 세워도 오래 가지 못하고 열심히 하는 것 같아도 성적은 좀처럼 오르지 않는다. 열정을 가지고 공부하는 사람과 하기 싫은데 억지로 앉아 있는 사람은 당연히 공부 효율에서 큰 차이가 날 수밖에 없다. 공부할 의욕이 없어져서 책이 손에 잡히지 않는 상태를 슬럼프라고 하는데, 자신의 목표를 이루기 위해서는 이 슬럼프를 최대한 빨리 탈출해야 한다.

공부는 파이프를 따라 흐르는 물에 비유할 수 있다. 최상위권 학생의 경우 막힘없이 물이 잘 흘러간다. 그러나 슬럼프를 겪고 있는 학생은 파이프의 어딘가가 막혀 있는 셈이다. 학원을 이리저리 옮겨봐도, 효율적이라는 공부법을 이것저것 써봐도, 막혀 있는 근본 원인이 제거되지 않으면 성적은 좀처럼 오르지 않을 것이다.

예를 들어 하루의 대부분을 이성 문제 때문에 고민하는 학생에게는 앞에서 언급한 내신시험 준비 전략 같은 것들이 큰 의미가 없다. 공부 비법이라는 것도 결국은 슬럼프를 탈출한 뒤에야 의미가 있는 것이다. 따라서 좀처럼 성적이 오르지 않고 있거나, 공부에 대한 의욕이 별로 없는 경우라면 슬럼프의 원인이 될 만한 것이 없는지 곰곰이 생각해 봐야 한다.

슬럼프에 빠지는 원인은 여러 가지가 있다. 이성 문제가 원인일 수도 있고, 공부 장소가 맞지 않아서일 수도 있다. 동기부여가 제대로 안돼서 그럴 수도 있고, 놀고 있는 것 같은데도 성적은 잘만 나오는 같은 반 친구 때문에 슬럼프에 빠지기도 한다.

나도 슬럼프를 겪은 적이 있었다. 성적은 좀처럼 오르지 않고 다람쥐 쳇바퀴 돌듯 반복되는 일상에 지쳐버린 때가 있었다. 그때는 책을 아무리 봐도 머리가 움직이지 않았다. 잡생각조차 떠올리기 힘들어서 멍한 눈으로 문제집만 쳐다보았다. 공부하던 책을 찢어버리고 모든 걸 포기하고 싶은 충동을 느끼며, 어떻게 하면 이 상황에서 벗어나 의욕을 되찾을 수 있을지 고민했었다.

공부법 책을 뒤적이고 수많은 합격 수기를 들춰 보았다. 선배들의 조언과 내 상황을 비교하면서 무엇이 문제인지 생각했고, 또 어떻게 해결할 수 있을지 고민했다.

3장은 그런 고민의 흔적들을 모은 것이다. 즉 내 자신이 직접 시행착오를 겪으며 깨달은, 슬럼프 탈출에 효과적인 방법들이다. 지금부터 소개하는 방법들이 여러분이 그동안 많이 들어왔던 진부한 방법이든, 아니면 들도 보도 못한 생소한 방법이든 꼭 실천해 보기 바란다. 그만큼 당신은 원하는 목표를 향해 곧장 달려갈 수 있을 것이다.

가깝고 구체적인 목표를 설정하자

내가 수학에서 25점을 받고 공부를 제대로 하기로 마음 먹었던 그날, 가장 먼저 한 일이 있었다. 그것은 연습장과 볼펜, 그리고 줄자와 칼을 준비하는 것이었다. 먼저 종이에 '전교 50등 진입'이라고 쓰고 오려 내서 책상과 연습장 제일 앞에 붙였다. 누가 봐도 무모한 목표였지만 왠지 그 목표를 보고 있으면 의욕이 불타올랐다.

공부하다 보면 지칠 때가 있다. 그건 누구나 마찬가지다. 중요한 것은 그렇게 침체된 마음 상태를 어떻게 극복하느냐다. 바로 그런 때, 눈을 들어 내가 정해놓은 구체적인 목표를 쳐다보면 다시 의욕이 생기곤 한다.

목표는 단기적일수록 좋다. '서울대 입학'이라고 쓰면 그것은 몇 년 뒤에나 달성 여부가 판가름 나게 된다. 그런 장기적인 목표가 아니라 바로 다음 시험에서 이룰 수 있을 만한 목표, 조금만 노력하면 손에 잡힐 것 같은 가까운 목표를 설정하는 것이 포인트다.

얼마 지나지 않아 실제로 전교 50등 안에 진입하자 또 목표를 바꾸었다. 이번엔 '전교 10등 진입'이라고 써두었고, 그런 구체적인 목표는 또다시 의욕을 가져다주었다. 하나의 단기적인 목표가 달성되면 이젠 기준을 높여 또 다른 목표를 만든다. 나중에는 '1등 달성', '수학 100점', '수능 380점 이상' 등의 목표를 써서 눈에 보이는 곳마다 붙여두었고, 이런 목표들은 실제로 모두 이루어졌다.

산을 올라갈 때 정상만 바라보면 힘들어진다. 아무리 걸어도 그다지 가까워지지 않는 것 같아 마음만 조급해지고 지쳐버리는 것이다. 그러나 '저 앞에 있는 나무까지만 가자'라는 식으로 가까운 목표를 잡으면 그만큼 의욕을 고취하는 데 효과적일 수 있다. 저기 앞에 있는 나무까지, 거기에 도착하면 또 다른 나무까지. 그러다 보면 어느새 정상에 와 있게 되는 것이다.

등수나 성적 같은 '결과'에 대한 목표뿐만 아니라 '공부 분량'에 대한 목표도 구체적이고 단기적으로 잡으면 의욕을 되살리는 데 도움이 많이 된다. 나는 공부를 시작할 때마다 오늘 해야 할 구체적인 공부 분량을 정해두었다. 단순히 '몇 시부터 몇 시까지 수학 문제집 풀기' 식이 아니라, 'EBS파이널 수학 모의고사 3회 풀기' 식으로 구체적인 공부 분량을 목표로 잡은 것이다. 정해진 시간에 정해진 목표를 달성하기에 여념이 없다면 슬럼프는 좀처럼 찾아오지 않는다.

◆

　나의 경우, 복잡한 집안 사정과 경제적인 어려움 때문에 공부에만 몰두하기에 힘든 상황이었다. 슬럼프에 쉽게 빠질 수 있는 환경이었다. 그러나 나는 그런 문제 때문에 가라앉는 내 마음을 가만히 놓아두지 않았다. 내가 바꿀 수 없는 상황이라 판단되면 그것에서 눈을 돌려 내가 정한 목표만 바라보려고 매 순간 애를 썼다.

　나를 둘러싼 우울한 현실에 대해 아무리 고민해 봐야 상황이 바뀌지 않는다는 것을 받아들이고, 다만 지금 이 순간 내가 할 수 있는 것에만 몰두하려고 노력했다. '나는 할 수 없을 것 같다'라는 부정적인 마음을 털어내고, 목표를 이룬 내 모습을 상상해 보는 것이다. 목표로 잡은 공부 분량을 완벽하게 끝내버린 멋진 내 모습, 목표로 잡은 성적을 달성한 당당한 내 모습을 상상하고 나면 그 뒤에 이어지는 공부는 별로 힘들지 않았다.

　공부란 슬럼프와 싸우는 과정이다. 그리고 그것은 노력으로 이길 수 있는 싸움이다. 단기적이고 구체적인 목표를 정하고, 그것만 바라보는 자세가 공부를 재미있게 만들어준다.

공부하는 장소의 분위기를 점검하자

대학교에 입학한 후 과외 아르바이트를 다니던 때의 일이다. 한번은 상담을 위해 어떤 가정을 방문한 적이 있었다. 형제가 두 명 있는 가정이었는데, 보통 이런 경우 형과 동생이 방을 하나씩 가지고 있는 경우가 많다. 그러나 그 가정은 그렇지 않았다.

자신의 방을 따로 쓰지 않고 공부하는 방과 잠자는 방으로 나누어 사용하고 있었다. 나는 그 학생들의 공부방을 둘러본 뒤 이 부모님은 공부에 대해 분명한 철학이 있고 학생들의 성적 또한 상위권일 거라 예상하며 정말로 그러한지 물어보았다.

그러자 어머님은 학생들의 성적이 상위권인 것을 어떻게 알았느냐며 놀라워했다. 그때는 그냥 그럴 것 같아서였다고 대답했지만 사실은 경험을 통해서 알게 된 것이다. 나는 공부방에 공부와 관계없는 것들이 하나도 놓여 있지 않은 집의 학생들이 공부를 못하는 경우를 거의 본 적이 없다.

나의 어머니도 같은 철학을 가지고 있었다. 어머니는 나에게 공부하라고 다그친 적도 없고, 숙제를 제대로 했는지 확인한 적도 없다. 그러나 내가 공부와 상관없는 것들을 방에 두거나, 책상을 깔끔하게 정리 정돈하지 않는 것은 엄격하게 금했다. 내 방, 그리고 내 책상의 모습은 현재 머릿속 상태와도 같다면서 항상 공부에 관한 것만 두도록 지도한 것이다.

벽에 연예인 사진이 붙어 있는 방, TV나 컴퓨터가 놓여 있는 방, 잡지나 소설 혹은 만화책 같은 것들이 아무렇게 굴러다니거나 게임기나 악기가 눈에 띄는 방은 반드시 성적에 영향을 미친다는 것이 어머니의 철학이었다.

처음에는 그런 정리 정돈이 답답하고 귀찮았다. 그러나 시간이 지나면서 이러한 생활 습관이 얼마나 중요한지 알게 되었다. 책상 옆에 무엇인가 있으면 공부가 조금만 지겨워져도 그런 것들로 눈이 가게 마련이다. 당연히 집중력이 약해지고 잡념이 많아지게 된다.

침대도 마찬가지다. 집에서 자주 공부하는 학생의 경우 공부방에 침대가 있으면 무의식적으로 수면에 대한 욕구가 생기고 몸의 긴장이 풀리게 된다. 공부하는 내내 '조금만 누워볼까?' 하는 충동과 싸워야 한다. 당연히 공부가 힘들어질 수밖에 없다.

의욕을 높이려면 공부와 관계없는 것들로부터 공부를 분리해야 한다. 하루 종일 공부만 하자는 말이 아니다. 가령 기타를 배우지 말고 공부만 하자는 말이 아니라, 기타를 내 방이 아닌 거실에 두라는 말이다. 그래야 공부에만 몰입할 수 있다. 내가 공부하는 장소의 분위기를 점검하고, 항상 깔끔하게 정리 정돈하는 것은 슬럼프를 막는 가장 쉬우면서도 확실한 공부법이다.

나태해진 나를 잡아주는
동기부여 방법

    의욕이 있다면 공부는 어렵지 않다. 반면에 공부가 지겨워지고 왜 공부하는지 그 이유를 알 수 없다면 세상에 공부만큼 힘든 게 없다. 남들보다 빨리 성장하기 위해서는 끊임없는 동기부여를 통해 의욕이 100% 충전된 상태에서 공부를 하는 것이 필수다.

    의욕을 되살리는 방법은 사람마다 천차만별이라서 누구에게나 적용될 수 있는 일률적인 해답을 제시하기는 힘들다. 그러나 내가 여기에서 말하는 것들을 적용해 보고 그걸 토대로 자신만의 방법을 찾기 위한 도구로 활용하면 슬럼프는 의외로 쉽게 극복할 수 있다.

    나는 공부가 힘에 부칠 때마다 합격 수기나 성공 스토리들을 즐겨 읽었다. 나보다 공부라는 길을 먼저 걸어본 사람들의 경험을 들여다보는 것만큼 훌륭한 동기부여법도 없는 것 같다. 그들도 나와 별다를 게 없는 평범한 사람들이다. 모두 자신의 능력에 한계를 느꼈던 사람들이고, 자신의 미래를 불안해하면서 어떻게 공부해야 하는지 고민했던 사람들이다. 그 과정을 거쳐 끝내 자신이 원하는 목표를 이룬 그들을 보면서 공부에 대한 의욕을 되찾았다.

내가 원하는 학교에 찾아가 보는 것도 좋은 방법이다. 고등학교 때 나는 서울대를 방문한 적이 있었는데, 다녀오고 나니 마음 자세가 달라졌다. 그곳의 푸른 잔디와 벚꽃 향기 그리고 멋지게 차려입고 옆구리에 책을 끼고 다니는 서울대생들이 무척이나 멋져 보였다. 그 모습을 직접 보고 나서는 나도 반드시 이곳에 와야겠다고 다짐했고, 내 눈으로 직접 본 그 광경은 이후로도 계속 공부에 대한 의욕을 불러일으켰다.

부모님이나 마음에 맞는 친구와 진지한 대화를 해보는 것도 도움이 된다. 물론 이건 웃고 떠드는 수다와는 다른 것이다. 나는 한 친구와 저녁을 먹고 나서 매점에서 아이스크림을 사 먹으며 진지한 대화를 하곤 했었다. 공부하면서 어려웠던 점을 나누고 미래에 대한 생각을 이야기하다 보면 왠지 속이 시원해지고 다시금 공부를 할 수 있는 힘이 생겨나곤 했다.

◆

그러나 '놀아버리는 것'은 의욕을 불러일으키는 데 도움이 되지 않는다. 나도 공부를 하다 너무 지겨워지면 휴식이 부족한가 싶어 놀아 보기도 했다. 친구들과 어울려 밤거리를 거닐기도 했고, PC방에 틀어박혀 있기도 했다. 하지만 실컷 놀고 와도 의욕은 되살아나지 않았다. 오히려 노는 재미에 빠져 공부를 다시 시작하기가 힘들어졌다. 막상 공부를 해도 놀 때의 장면이 생각나서 집중도 잘되지 않았다.

여러 방법을 써도 정 의욕이 나지 않을 때가 있는데 이럴 때는 휴식이라는 핑계로 길거리를 방황하지 말고 차라리 일찍 잠드는 것도 좋은 방법이다. 어차피 잠들지 않고 버텨봤자 고민과 번민으로 괴로워하며, 공부할 내용이 머릿속에 들어오지도 않을 것이 뻔할 때가 많다. 나는 그 괴로움을 잊어버리자는 심산으로 차라리 일찍 잠들어버리곤 했다.

신기한 것은 며칠이고 계속될 것 같은 불안과 짜증 그리고 공부에 대한 지겨움이 푹 자고 나니 모두 사라져버렸다는 점이다. 어젯밤에는 내 인생에 그것보다 더 중요한 고민은 없는 것 같았는데, 아침이 되니 정말 아무 일도 아닌 것처럼 느껴졌고 새로운 마음으로 새로운 하루를 시작할 수 있었다.

슬럼프는 몸의 피로 때문에 찾아오기도 한다. 만약 여러 방법을 써도 공부에 대한 의욕이 생기지 않거나, 고민이나 불안 때문에 공부가 잘되지 않는다면 억지로 그것과 싸워 이기려고 하지 말고 차라리 일 찍 잠들어버리는 것이 효과적일 수 있다. 휴식과 잠이 부족하면 몸이 예민해지고 마음에 잡생각이 많아진다. 이런 경우에 잠은 최고의 처 방인 셈이다.

공부를 위한 하루 이벤트를 열어주자

매일 정해진 시간에 정해진 공부를 하면 습관 때문에 공부가 쉬워지는 것은 사실이다. 하지만 항상 같은 방식으로만 공부하면 당연히 지겨워지고 슬럼프가 찾아올 수도 있다. 가끔은 공부에도 변화를 주는 것이 좋다. 이름하여 '공부를 위한 하루 이벤트'를 여는 것이다.

내가 자주 쓴 방법 중 하나는 '모의고사 풀이'다. 수능 모의고사 1회분을 준비해서 그날 하루는 그것만 풀어보는 것이다.

고등학생이라면 실전 수능처럼 수능 국어 듣기를 시작으로 모의고사를 풀기 시작한다. 컴퓨터용 수성사인펜으로 OMR답안지에 옮겨 적는 것이나 쉬는 시간을 딱 정해진 만큼 가지는 것도 실전 수능과 완전히 동일하다. 그렇게 오후까지 시험을 치르고 저녁에는 틀린 문제를 점검한다. 이로써, 하루 공부를 끝내는 것이다. 이렇게 가끔 날을 정해 모의고사를 풀어보면 내 실력도 정확히 알 수 있고 매너리즘에 빠진 마음에 긴장감을 불어넣을 수 있게 된다.

얇은 문제집 한 권을 하루 만에 모두 풀어보는 것도 좋은 방법이다. 나는 한때 지리 과목이 너무 어렵게 느껴진 적이 있었다. 고민하던 나는 어느 날 최대한 얇은 지리 문제집을 하나 사서 도서관으로 갔다. 그리고 하루 동안에 모두 풀어버렸다. 하나하나 꼼꼼히 풀어서는 당연히 하루 만에 모두 풀 수 없다. 그래서 나는 정답을 미리 옮겨 적어 놓은 후, 문제를 읽고 정답이 왜 이것이 되는지 확인만 하는 방식으로 빠르게 훑어보았다.

이렇게 하루 만에 한 과목을 끝내버리고 나니 자신감이 차오르고 그 과목에 대한 의욕이 되살아났다. 나중에 자세히 공부를 시작할 때도 전체 개요를 알고 있는 상태에서 보는 것이라 그 의미를 더욱 분명히 이해할 수 있었다.

특정 과목과 관련된 좋은 도서를 읽는 것도 큰 도움이 된다. 예를 들어 한국사 과목이라면 교과서만 반복해서 읽으면 당연히 지겨워진다. 그럴 땐 가끔은 온라인 서점에서 역사 교양도서 같은 책을 사서 하루 만에 다 읽는다. 그러면 그 과목에 대한 흥미도 더욱 높아지고 매너리즘에 빠진 내 머리도 회전이 빨라진다.

정리노트를 만들어보는 것도 좋은 방법이다. 한번은 수학 공부가 너무 지겨워진 적이 있었다. 매일같이 반복되는 문제 풀이에 지쳐버린 것이다. 그래서 하루 종일, 문제는 풀지 않고 지금까지 배운 모든 공식을 노트에 정리해 봤다. 중학교 1학년 때 배운 것부터 시작해서, 고등학교 3학년 때까지의 모든 '공식'들만 차근차근 적어본 것이다.

친구들은 갑자기 웬 삽질이냐고 의아해했지만 나는 이 작업을 끝내고 나니 너무 보람되고 수학에 대한 의욕도 되살아났다. 효과가 있다는 것을 알게 된 나는 그 후로 '물리 공식노트'라든가, '영어문법 정리노트' 같은 것도 만들어봤다. 지금까지 배운 내용이 겨우 노트 몇 장에 불과한 것이라 생각하니 억울하기도 했지만 하루 만에 그 과목을 다 공부한 것 같아 기분이 좋아졌고 그 과목에 대한 애정도 더욱 깊어졌다.

공부를 하는 것은 애인을 사귀는 것과도 같아서 매일 똑같은 것만 해서는 그의 마음을 얻기가 힘들다. 때로는 휴일 같은 날을 정해서 깜짝 이벤트를 선물해 보라. 그때마다 공부는 당신이 들인 노력의 몇 배 이상으로 큰 보상을 줄 것이다.

방법 05

친구인가, 경쟁자인가?

경쟁자를 정해두면 공부할 의욕이 생긴다는 조언을 들은 적이 있다. 나는 그 조언에 따라 친구 한 명을 경쟁자로 정하고 따라잡아야겠다고 결심했다. 그러나 며칠도 못 가서 그 조언은 나와 맞지 않는다는 결론을 내렸다.

경쟁자를 정해놓으니 그 녀석의 일거수일투족이 신경 쓰였다. 집중해서 공부하다가도 친구가 엎드려 자면, '헉! 뭐지? 벌써 공부를 끝낸 건가? 그럴 리가?' 하고 번민에 휩싸였다. 또 친구가 나오는 다른 문제집을 풀면 '헉! 저 문제집은 뭐지? 저걸 풀어서 성적이 잘 나온 건가?' 따위의 생각이 들었다.

안 그래도 힘든 공부가 그 친구 때문에 더 힘들어졌다. 결국 나는 경쟁자를 정하는 것은 오히려 내 공부에 방해만 된다는 결론을 내렸다.

그 후로 나는 특정 인물을 '경쟁자'로 의식하기보다는 서로 공부에 관해 물어보고 고민을 함께 나누는 '동행자'로 인식하게 되었다. 그리고 그런 마음가짐을 가졌을 때 비로소 공부가 편해지는 것을 느꼈다.

내신 때문에 삭막해진 교실에 좋은 시사점을 주는 영화 한 장면을 소개하려고 한다. 러셀 크로가 천재 수학자 존 내시로 주연한 영화 〈뷰티풀 마인드〉에 나오는 장면이다.

술집에 한 무리의 남자들이 있다. 그리고 맞은편 테이블에는 또 한 무리의 여자들이 있다. 남자들은 그 여자들과 놀고 싶어 한다. 그래서 합석하게 됐다. 아마 대부분의 경우, 모든 남자들은 서로 경쟁하며 가장 아름다운 한 여자에게 '작업'을 집중할 것이다.

그러나 가장 아름다운 그 여자는 오히려 남자들의 작업을 받아들이지 않는다. 모든 남자들이 자신에게 작업을 걸자 콧대가 높아져 버린 것이다. 게다가 자기 친구들에게 질투를 받는 것도 부담스럽다. 따라서 그녀는 모든 남자들을 거절한다. 남자들은 이제 어쩔 수 없이 나머지 여자들에게 작업을 건다. 그러나 나머지 여자들은 이미 자존심이 상해 있다. "뭐야? 꿩 대신 닭이라는 거야?"라며 역시 이 남성들을 거절한다. 결국 어떤 남자도 성공하지 못한다.

경제학자 애덤 스미스는 분명히 "하나의 목표를 향해 구성원 개개인이 선의의 경쟁을 하면 사회 전체의 이익이 된다"라고 했다. 그러나 위의 사례에서는 어떤가? 남자들 모두가 어떤 여자와도 데이트하지 못하는 결과가 나왔다.

왜 이런 현상이 일어났을까? 이런 상황을 어떻게 해결할 것인가? 천재적인 수학자 존 내시는 자신이 술집에서 겪은 이 사례에서 힌트를 얻어 '내시균형이론'을 만들게 된다. 그는 이 이론으로 결국 노벨경제학상을 수상했다.

내시균형이론의 결론은 간단하다. 경쟁을 피하는 것이다. 앞의 영화 속 상황의 내시 전략은 이것이다. 남자들이 각자 작업을 걸 여자들을 미리 내부적으로 협의한다. 그리고 각자 자신이 목표로 정한 그 여자에게 집중하는 것이다.

이러면 어떤 남자는 성공하고 어떤 남자는 실패할 것이다. 그러나 모든 남자들이 실패하는 최악의 상황은 피할 수 있다. 운이 좋으면 모든 남자가 데이트 상대를 얻을 수도 있다. 즉 경쟁을 피하고 서로 협력하는 것이 모두에게 더 좋은 결과를 가져다주는 것이다.

이것을 우리 상황에 대입해 보자. 입시가 어떻게 바뀌든 대부분 대학은 학생들의 '점수'가 아니라 '석차'를 본다. '등급'이니 '백분율'이니 용어는 계속 바뀔지 몰라도 결국 그 본질은 석차다. 그래서 시험이 쉽든 어렵든 학생들은 스트레스를 받을 수밖에 없다. 친구의 수학 성적이 오르면 내가 그만큼 뒤처지는 것처럼 느껴지기 때문이다.

◆

그러나 나는 내신제도는 경쟁 상황이 아니라고 본다. 왜 그럴까? 원래 '경쟁'이란 하나의 목표를 두고 다수가 싸울 때 쓰는 말이다. 대다수 학생의 목표는 대학 진학이겠지만 그건 하나의 목표가 아니다. 왜냐면 실제로 같은 반에서 같은 대학, 같은 학과에 지원하는 경우는 거의 없기 때문이다.

친구와 내가 같은 대학, 같은 학과를 지망했다 하더라도 그 친구는 내 경쟁자가 아니다. 왜 그럴까? 만약 친구와 내가 A대학 B학과를 지망했는데 그곳의 정원은 200명이라고 하자. 그런데 친구는 붙고, 나는 떨어졌다고 가정하자. 지원자 중에 내 등수는 201등이다. 이 경우 만약 그 친구가 없었다면 내가 200등이 됐을 것이고, 그러면 나는 아마 합격할 수 있었을 것이다. 이런 경우가 진정한 의미의 경쟁이다.

그러나 만약 지원자 중에서 내 등수가 202등이라면 어떨까? 이 상황에서 친구가 없었다면 내 등수는 202등에서 201등으로 올라가겠지만 정원은 200명이니 내가 불합격한다는 사실은 변하지 않는다. 즉 나의 합격과 불합격은 그 친구와 상관이 없는 것이다. 심지어 같은 대학, 같은 학과에 원서를 썼음에도 말이다.

하지만 그런 경우가 과연 얼마나 되겠는가? 나와 같은 반에서 함께 공부하던 친구와 같은 대학 같은 학과에 원서를 넣었는데, 그 친구는 합격하고 나는 후보 1번에 걸리는 상황이 펼쳐질 확률이 과연 얼마나 되겠는가? 그 확률은 로또에 당첨된 사람이 벼락에 맞을 확률보다 적을 것이다. 그러니 사실 우리의 상황은 경쟁이 아니다.

♦

평생의 친구는 바로 지금, 학창 시절에 만난다. 교실 안에는 다양한 친구들이 있다. 지금은 답답한 교실 속에서 똑같은 머리를 하고, 똑같은 옷을 입고 앉아 있을 것이다. 그러나 학교를 졸업한 후에는 각자 다른 길을 걷게 될 것이다. 지금이 아니라면 언제 이렇게 다양한 친구들을 만나겠는가?

성인이 되고 난 후에는 사람들과 어느 정도 이해관계가 얽히면서 만나기 때문에 진심을 나누는 사이가 되기 힘들다. 만나는 사람도 폭이 좁을 수밖에 없다. 디자인학과에 진학한 사람이 회계사를 새롭게 친구로 사귀기가 쉬울까? 아마 일 때문에 마주치거나 누구에게 소개받지 않는 한 힘들 것이다. 풍요로운 미래의 출발은 다양한 인간관계이고, 그중에 핵심은 학창 시절의 친구다.

"어제 드라마 보느라 시험 공부를 하나도 못 했다"라는 친구의 거짓말을 그냥 믿어주라. 숙제도 빌려주고 수행평가도 함께 나누라. 그 친구를 위해서가 아니라 나 자신을 위해서. 안 그래도 힘든 공부다. 경쟁까지 하려면 학교생활이 끝도 없이 힘들어진다.

게다가 그 친구는 나를 엿 먹이기 위해 공부하는 게 아니다. 나 역시 친구를 대학에 떨어트리려 공부하는 게 아니다. 그러니 그 친구를 의식하거나 질투하거나 견제할 필요가 없다.

물론 선천적으로 경쟁을 좋아하는 학생도 있겠지만 그렇더라도 진짜 경쟁자는 내 옆에 앉아 있는 그 친구가 아니다. 경쟁자는 나태하고 게으른 또 다른 나 자신뿐이다. 놀면서도 성적이 잘 나오는 어떤 친구가 계속 의식된다면 독일 최초의 여성 총리인 앙겔라 메르켈의 말을 떠올리기 바란다.

"빨리 가고 싶다면 혼자 가도 된다. 그러나 멀리 가고 싶다면 함께 가야 한다."

이성 문제에 대한
판단 기준

사실 나는 이 문제를 다룰지 말지에 대해서 무척 고민을 했다. 이성 문제는 공부법과는 거리가 멀다. 청소년상담사도 아닌 내가 남의 애정 문제에 끼어들어 이래라저래라 하는 것은 독자들의 심기를 불편하게 만들 수도 있을 것 같았다. 그래서 처음에는 다루지 않아야겠다고 생각했다.

그러나 한 독자와 메일을 주고받으면서 생각이 바뀌었다. 그 여학생은 이성 문제 때문에 무려 3년 동안이나 힘들어했다. 나는 몇 가지 조언을 해주었고 그 학생은 그것을 토대로 자신의 문제를 해결할 수 있었다. 그리고 나에게 말했다.

"제가 읽은 수많은 공부법 책 중에서 단 하나라도 이런 문제에 대해 기준을 제시해 주는 책이 있었다면 저는 그렇게까지 방황하지는 않았을 거예요."

그 말을 듣고 나는 많은 생각을 하게 됐다. 물론 이성 문제는 공부법과는 거리가 있지만 공부에 막대한 영향을 끼치는 문제라는 것은 분명한 사실이다. 그래서 비록 내가 이 분야의 전문가는 아니더라도 한 번쯤은 내 생각을 말하고 넘어가는 게 독자들에게 도움이 될 것 같다는 결론에 이르렀다.

물론 내 말이 진리는 아니므로 그대로 따를 필요는 없다. 다만 내가 말하는 조언을 참고하여 깊이 생각해 본다면 이 문제로 고민하는 독자들은 자기 문제를 좀 더 현명하게 다룰 수 있을 거라 믿는다.

이 문제에 관해서 우리는 보통 두 가지 조언을 듣는다. 첫 번째 조언은 "대학 가서 사귀어라"인데, 부모님들과 같은 어른들이 이런 말을 한다. 그들은 이성교제를 통해 얻는 것보다는 잃는 것이 더 많다고 지적한다. 이성교제를 막는 부모님들은 자녀를 '보호'하기 위해 그러는 것이라고 말하기도 한다.

하지만 정작 학생 입장에서는 이런 주위 어른들의 '배려'가 그리 달갑지만은 않다. 그렇지 않아도 청소년기는 이성에 관한 관심이 생기는 시기이면서 자아가 확립되는 시기다. 마음속에서는 이성에 대한 호기심이 주체할 수 없을 정도로 생기는데, 어른들은 "너는 아직 어리다. 위험하다"라고만 하니 반항심만 생길 뿐이다.

다른 조언도 있다. 그것은 "있는 사람 헤어지지 말고, 없는 사람 만들지 말라"는 것이다. 이것은 아직 어른들보다는 중 · 고등학생 시절을 겪어본 '공부 선배'들이 주로 하는 조언이다.

이들은 이성교제를 유지하는 것에 생각보다 많은 정신적인 에너지가 필요하다는 점에 주목한다. 큰 감정 소모, 그것은 분명 공부에 방해가 된다. 그러나 그렇다고 해서 기존의 이성친구와 헤어지게 되면 더 큰 감정적인 에너지를 소모하게 된다. 그래서 공부할 때는 가급적 이성친구가 없는 것이 좋겠지만 만약 있다면 굳이 헤어지지는 말라는 것이다. 일종의 타협안이라고도 할 수 있다.

이 조언은 전통적인 어른들의 조언보다는 확실히 학생들에게 와닿는 것 같다. 막 학창 시절을 끝낸 선배들의 충고이기에, 꽉 막힌 부모님의 말씀보다는 확실히 설득력도 있다. 그러나 내 생각에 이 조언도 무조건 따를 만한 진리는 아니라고 본다. 왜냐면 엄청나게 큰 감정 소모를 하더라도 반드시 헤어져야 하는 상황이 있고, 경우에 따라서는 이성친구가 공부에 도움이 되는 상황도 있기 때문이다.

결국 필요한 것은 '판단의 기준'이다. 이성교제는 칼과 같다. 칼을 잘못 사용하면 사람을 다치게 하지만 잘 사용하면 맛있는 음식을 만들 수도 있다. 자신이 칼을 다룰 수 있는 사람인지 판단하기 위해서는 아래의 몇 가지 질문 앞에서 자신을 돌아보는 것이 좋을 것이다.

1. 나는 감정적으로 흔들리지 않을 수 있는가?

누군가를 좋아하게 되면 이제부터 내 감정은 그 사람에게 달려 있다고 보면 된다. 그 사람이 웃으면 나도 기분이 좋아지고, 그 사람의 기분이 언짢으면 내 기분도 우울해진다. 연락이 없으면 걱정되고, 이따 전화하겠다는 문자라도 오면 계속 기다리게 된다.

그런데 공부란 마음을 차분하게 안정시킨 후 집중해서 해야 하는 일이다. 만약 이성교제를 하게 되면 하루에도 몇 번씩 감정이 천국과 지옥을 왔다 갔다 하게 된다. 그러므로 공부와 이성교제를 병행하기 위해서는 이런 요동치는 감정을 차분하게 안정시킬 능력이 자신에게 있어야 한다. 만약 그렇지 못하다면 이성교제는 결국 공부에 악영향을 미친다.

2. 나는 맺고 끊는 것이 분명한 사람인가?

분명 처음에는 "우리 서로의 공부에는 지장을 주지 않기로 해"라고 약속할 것이다. 그러나 늘 도서관에서만 데이트할 수는 없는 법. 영화도 봐야 하고 함께 카페도 가야 한다. 공원에서 산책도 해야 하고 밤에는 전화도 해야 하며 연락은 수시로 해야 한다.

그러나 이 모든 것들이 공부와는 맞지 않기 때문에 이성교제 중인 학생은 맺고 끊는 것을 분명하게 해야 한다. 맺고 끊는 것이 분명한 사람은 큰 상관이 없다. 그러나 분위기 또는 인간관계에 많이 휘둘리는 스타일이라면 그 학생에게 이성교제는 위험할 수 있다.

3. 얼마 못 가 헤어지더라도 후회 안 할 자신이 있는가?

평생에 한 번 만날까 말까 한 인연이 청소년기에는 절대 찾아오지 말라는 법은 없을 것이다. 내 모든 것을 바쳐서라도 꼭 얻고 싶은 사람이 지금 시기에 찾아올 수도 있다. 하지만 어느 오래된 노래 가사처럼 '님'이라는 글자에 점 하나만 붙이면 '남'이 될 수도 있다.

문제는 자신의 각오다. 만약 그 사람과 헤어진다고 하더라도 그동안 쏟아부은 나의 시간과 노력, 감정에 대해서 후회 안 할 자신이 있는가? 만약 내가 원하는 대학에 떨어진다거나 혹시 계획했던 일이 잘못된다고 하더라도 그 사람을 원망하지 않을 자신이 있는가?

위의 세 가지 질문에 모두 'YES'라고 대답할 수 있는 경우라면 그 사람은 이성교제를 시작해도 상관없다고 본다. 물론 중요한 시험을 앞두고 있는 나를 같이 놀자며 불러내는 인격이 의심스러운 상대가 아니라는 가정에서 말이다.

마지막으로, 이미 이성교제를 하는 학생들에게는 다음과 같은 기준을 제시하고 싶다. 그것은 "지금 이 사람을 만나기 전의 나와, 만난 후의 내가 어떻게 달라졌는가?" 하는 것이다.

상대방이 나에게 맞는 사람인지는 그 사람으로 인해 내가 어떻게 변했는가를 보면 쉽게 알 수 있다. 잡생각이 늘었고 시간을 허비하고 있으며 성적도 떨어졌다면, 아무리 서로 좋아한다고 해도 결국 상처로 끝날 가능성이 크다.

반대로 내가 나를 더욱 사랑하게 됐고 모든 일에 자신감이 생겼으며 성적도 올랐고 내가 하는 일이 점차 나아지고 있다면, 그 사람은 나에게 딱 맞는 사람이다. 그런 경우라면 굳이 헤어질 필요가 없다.

성적과 이성교제의 관계만큼 복잡한 조언이 필요한 부분도 없는 것 같다. 모든 경우에 일률적으로 적용될 수 있는 정답도 없다. 하지만 여기서 제시한 기준을 바탕으로 자신의 문제를 돌이켜본다면 각자의 상황에 맞는 답을 찾을 수 있으리라 믿는다.

CHAPTER
4

과목별 공부법,
실력을 다지는 전략

INTRODUCE

당신의 한 달을
나에게 달라

"이 자세가 어쩌면 고통스러울 수도 있을 겁니다."

논산 육군훈련소에서 나를 포함한 수십 명의 훈련병은 바닥에 납작 엎드린 채 K-2소총 조준경에 눈을 바짝 대고 있었다.

"왼발은 쭉 펴서 밖으로 45도! 최대한 뻗으십시오."

교관의 말대로 왼쪽 다리를 벌리려던 순간 문득 의문이 들었다.

'내가 왜 이따위 불편한 자세로 총을 쏴야 해? 그냥 편한 자세로 쏘는 게 과녁을 적중시킬 확률이 훨씬 높을 거 같은데?'

나는 왼발을 슬그머니 안쪽으로 당겼다. 그러자 뒤에 있던 교관이 곧바로 자기 발로 내 왼발을 낚아채 바깥으로 쫙 벌렸다. 꾸엑! 마치 어린 시절 태권도를 배울 때 다리 찢기를 하는 그 느낌이었다. 너무 아팠다.

교관이 외쳤다.

"41번 훈련병! 왼발을, 최대한, 벌리라고 했습니다!"

아오! 순간 짜증이 확 올라왔다. 나는 볼멘소리로 말했다.

"다리를 이렇게 벌리고 있으면 불편합니다. 그냥 편한 자세로 쏘면 안 됩니까?"

교관이 걸음을 멈추고 나를 쳐다봤다. 주위의 훈련병들도 모두 나를 돌아봤다. 아차, 실수했다. 여긴 군대다. 시키면 시키는 대로 해야 하는 곳이다. 나는 교관의 다음 말이 "너, 이 XX! 미쳤구나? 잠깐 일어나봐!" 일 거라고 예상하며 가슴을 졸이고 있었다. 그러나 교관은 담담하게 말했다.

"이 자세는 그동안의 실전 전투에서 효과가 입증된 자세입니다. 이게 여러분에게 불편하게 느껴지는 이유는 이 자세가 여러분에게 맞지 않기 때문이 아닙니다. 단지 여러분이 태어나서 처음으로 취해보는 자세이기 때문입니다. 불편해도 익숙해지십시오! 그러면 이 자세가 사격에 가장 최적화된 자세인 이유를 머지않아 깨닫게 될 것입니다."

나는 속아보기로 했다. 며칠 동안 틈나는 대로 교관이 가르쳐준 '불편한' 자세를 연습했다. 어색함과 아픔을 참고 익숙해지려고 노력했다. 이 자세가 효율적이라고 하는 데는 그만한 이유가 있을 것이다. 나는 그 사실을 믿기로 했다.

며칠 뒤 치러진 실전 사격시험. 그날 내가 쏜 수십 발의 총알은 100%

과녁에 명중했다. 그것은 소대에서 유일한 기록이었다. 교관의 말이 맞았다. 일단 익숙해지니 그 자세는 정말 사격하기에 가장 편안한 자세였다.

4장을 시작하기에 앞서 이 이야기를 잠깐 꺼낸 이유는 당신에게 부탁하고 싶은 것이 있기 때문이다. 그것은 지금부터 내가 이야기할 팁들을 최소한 한 달간은 실천해 보라는 것이다. 자신에게 꼭 맞는 공부법을 찾는 것은 그동안 공부라는 길을 먼저 걸어본 선배들이 효율적이라고 말하는 방법에 익숙해지고 나서의 이야기다.

내가 학생들에게 공부법을 이야기해 주면 일부 학생들은 며칠 뒤에 볼멘소리를 내뱉는 경우가 가끔 있다. 내가 알려준 방법이 왠지 불편하고 자기와는 안 맞는 것 같다고. 그럴 때마다 나는 말한다.

"이 공부법은 나뿐만 아니라 많은 사람의 경험과 연구를 통해 효과가 확실히 입증된 것들이야. 그러니 한두 번 시도하고 불편하다 징징거리지 말고, 딱 한 달만이라도 꾸준히 실천해 봐. 그때는 왜 이게 효과적인지를 스스로 깨닫게 될 거야."

정말로 그렇다. 새로운 방법은 언제나 불편하게 느껴진다. 그러나 그건 그 방법이 틀렸기 때문이 아니다. 단지 예전에 내가 하던 것과 다르기 때문이다. 불편하더라도 반복적으로 연습하면 머지않아 그 방법이 오히려 편해진다.

이번 장에서 나는 '실력'에 따라 달라지는 과목별 공부법에 대해 이야기할 것이다. 나는 최하위권부터 최상위권까지 모두 경험해 보았기에 공부법이 왜 실력별로 달라야 하는지, 그 방법을 왜 써야 하는지에 대해 누구보다 잘 알고 있다.

물론 공부법 중에는 누군가에게는 효과가 있지만 또 다른 누군가에는 효과가 없는 것이 있을 수도 있다. 그 사실을 부인하지는 않는다. 그러나 나는 그런 유형의 공부법이라 여겨지는 것은 애초에 이 책에 담지 않았다.

그러니 더도 말고 덜도 말고 딱 한 달만 나에게 주기 바란다. 한 달 동안 나에게 속는 셈 치고 이번 장에 실린 방법들을 반드시 실천해 보라. 그러면 지금껏 당신이 받아보지 못한 성적으로 되돌려주겠다.

전략 01

국어, 비판적 독해력을 길러라

아무리 공부해도 국어 성적이 좀처럼 오르지 않는가? 사실, 문제를 많이 풀어보면 처음 얼마간은 어느 정도 성적이 오르기는 한다. 하지만 문제 풀이만으로 국어 성적을 올린 학생은 어느 순간 더는 성적이 오르지 않는 자신을 발견하게 된다.

그건 '기초'가 없기 때문이다. 문제 풀이는 이미 있는 실력을 시험에서 그대로 발휘하게 해주는 효과가 있을 뿐이다. 그 이상으로 성적을 꾸준히 끌어올리려면 어떻게 해야 할까? 문제 풀이에만 매달릴 것이 아니라 '기초'를 다지는 공부로 돌아가야 한다.

1. 문제집 한 권을 살 때마다 책도 한 권 사라

물론 책을 몇 권 읽는다고 해서 다음 중간고사 시험에서 국어 성적이 바로 오르는 것은 아니다. 그 때문에 많은 학생이 독서를 '시간이 남으면 하는 것'으로 생각하고 우선순위를 뒤로 미루곤 한다.

그러나 당부하건대 고3이라거나 혹은 다음 주가 중간고사라서 당장 시험 준비가 급한 시기가 아니라면 독서에 시간을 투자하는 것을 절대 아까워하지 말아야 한다. 국어 공부를 많이 하지 않은 것 같은데도 시험 점수가 잘 나오는 학생들이 있다. 그들의 비결이 독서다.

나는 국어 문제집을 한 권 살 때마다 책도 한 권 같이 샀다. 어떤 책을 읽어야 할지 선택하기 어렵다면 우선 서울대가 선정한 '동서양 고전 200선' 중에서 관심 가는 책을 골라보자. 많은 사람들이 좋은 책이라고 인정하는 책들이다.

만약 스스로 독서에 익숙지 않다고 생각한다면 '문학' 작품부터 시작하는 것이 좋다. 동서양 고전 200선 중에서 소설을 읽어도 좋고, 인터넷 서점에서 '청소년 문학' 분야의 베스트셀러를 골라도 좋다. 소설 작품을 읽을 때는 그저 '재밌네' 하며 넘기기 말고 등장인물들의 성격도 생각해 보고, 인물 사이의 갈등 구조도 분석하며, 서술 기법이나 표현 방식도 눈여겨본다.

문학이 익숙해지면 슬슬 비문학 독서도 하는 것이 좋다. 250여 년 전에 체사레 베카리아가 쓴 『범죄와 형벌』이라는 책을 읽어보았는가?

딱딱한 제목만 보면 무슨 나이 든 대법관이 쓴 수백 페이지짜리 두껍고 어려운 책인가 싶을 것이다. 그러나 오히려 그 반대다. 이 책은 불과 26세의 '애송이 청년'이 쓴 수십 페이지짜리 얇은 책이다. 그런데 이 얇은 책 한 권이 세계 역사를 완전히 뒤바꾸어놓았다. 이런 책은 한 권만 읽어보아도 얻는 것이 많다.

이제부터라도 틈틈이 책을 펼치는 것이 어떨까? 틈날 때마다 10분씩이라도 책을 읽자. 일주일에 딱 한 권만 읽어도, 1년이면 50권을 읽게 된다. 1년에 50권의 책을 읽는 사람과 그렇지 않은 사람의 국어 성적이 같을 수 없다.

2. 기초 한자는 어휘력의 기본이다

국어는 어휘가 중요하다. 그런데 국어 어휘의 절반 이상은 한자어로 이루어져 있다. 따라서 한자를 모르고 어휘력을 기른다는 것은 결코 있을 수 없는 일이다. 결국, 국어 실력의 기초 중 하나가 바로 한자 지식이다.

예를 들어 '옥석구분(玉石俱焚)'이라는 말을 한번 살펴보자. 이게 무슨 뜻일까? 옥석을 구분해야 한다? '옥(玉)'은 보석이고 '석(石)'은 돌이니, 중요한 것과 중요하지 않은 것을 구분해야 한다는 말일까? 그럴듯하다.

그러나 한자 지식이 있는 학생이라면 '焚(불탈 분)'이라는 글자에 눈이 갈 것이다. 그러면 정확한 뜻을 짐작할 수 있다. '옥석구분'의 뜻은 '옥과 돌이 함께 불에 탄다'이다. 산에 불이 나면 좋은 것과 나쁜 것을 가리지 않고 함께 불에 타버리는 법이다. 즉, 이 고사의 속뜻은 임금이 덕을 잃으면 선인이든 악인이든 모두 망하게 되므로 통치자는 나라를 잘 다스려야 한다는 것이다. 한자를 모르면 "이 고사의 뜻은 중요한 것과 아닌 것을 구분해야 한다는 것입니다!"라는 엉뚱한 대답을 내놓게 된다.

기초 한자 1800자 정도는 미리 공부해 두자. 가능하면 한자 3급 정도는 중학교를 졸업하기 전까지 따놓는 것도 좋다. 기초 한자를 알아두면 굳이 사전을 찾지 않아도 알고 있는 한자 지식을 이용해 쉽게 생소한 어휘의 의미를 추리해 낼 수 있다. 국어 교과서를 읽을 때도 한자어가 나오면 그냥 넘어가지 말고 한 번씩 써보면서 뜻과 음을 기억해 두어야 한다.

3. 사전 찾는 것을 귀찮아하지 말자

"에이, 오라질년, 조랑복은 할 수가 없어. 못 먹어 병, 먹어서 병, 어쩌란 말이야! 왜 눈을 바루 뜨지 못해!"

현진건의 「운수 좋은 날」이라는 단편소설에 나오는 대사다. 많은 학생이 이 소설을 읽어봤을 것이다. 그런데 여기 나오는 '조랑복'이란 무슨 말일까? 이런 생각이 들면 바로 그 순간 사전을 뒤적여 봐야 한다. '나중에 찾아보자'라고 생각하면 평생 모른 채로 살게 된다.

독서를 하거나 공부를 하다가 쉽게 이해되지 않는 어휘가 나오면 반드시 그때그때 사전을 들춰 보자. 단어의 의미가 확인되면 따로 단어장을 만들어 정리하자. '아하, 그런 뜻이었구나'라고 그냥 넘어가면 한 달쯤 지나서 또 모르게 된다. 단어장에 적는 게 수고로운 일 같지만 오히려 나중에 사전을 다시 찾지 않아도 되니 그게 훨씬 수고를 더는 일이다. 한편 위의 조랑복처럼 전혀 의미를 알 수 없는 고유어뿐 아니라 의미를 아는 것 같은 한자어도 사전을 뒤적여 보는 게 좋다.

강탈, 강취, 약탈, 늑탈, 억탈

무슨 뜻일까? 한자 공부를 했다면 이 단어들이 '무엇을 빼앗다'라는 뜻임을 쉽게 알 수 있다. 하지만 그것만으로는 부족하다. 뜻이 비슷한 여러 단어가 어떤 상황에서 어떻게 쓰이는지도 알아두어야 한다.

예를 들어 '국권강탈'이라는 말은 쓰지만 '국권늑탈'이라는 말은 쓰지 않는다. 비슷한 뜻을 가진 어휘지만 상황에 따라 다른 어휘를 쓰는 것이다. 공부하다가 어려운 한자어가 나왔을 때는 뜻만 아는 것으로는 부족하다. 반드시 그때그때 사전을 찾아서 비슷한 다른 어휘와 쓰임새를 구별해 알아두어야 한다.

4. 자습서는 '밑줄'이 중요하다

국어·영어 과목은 '자습서'가 꼭 필요하다. 이 두 과목은 교과서에 지문만 있을 뿐 자세한 설명이 없기 때문이다. 게다가 자습서의 풍부한 설명을 꼼꼼히 읽다 보면 독해력도 많이 향상된다. 수능 국어에서 측정하려는 능력도 구체적인 지식이 아니라 독해력이기에 자습서는 국어 공부에서 가장 우선으로 봐야 할 교재다. 그러니 내일 수업하는 부분이라도 이제 자습서로 예습해 보자.

다만 자습서를 공부할 때는 반드시 '밑줄'을 쳐야 한다. 예를 들어 '구분'과 '분류'의 차이라든가, 비유의 종류인 은유, 직유, 풍유, 환유, 제유 등은 어떤 문제집보다도 자습서에 설명이 잘되어 있다. 하지만 밑줄이나 형광펜으로 표시해 두지 않으면 나중에 두꺼운 자습서를 또다시 이리저리 뒤적여야 하는 수고를 해야 한다.

5. 내 논리에 끼워 맞추지 말자

국어 문제를 풀다 보면 벽에 부딪힐 때가 있다. 해설을 봐도 도대체 이해가 되지 않을 때다. 이럴 때는 어떻게 해야 할까? 언젠가 중간고 사에 이런 문제가 나온 적이 있다.

두꺼비가 파리를 물고 두엄 더미 위에 뛰어올라 앉아서,
건너편 산을 바라보니 흰 송골매가 떠 있거늘,
무섭고 끔찍하여 펄쩍 뛰어내리다가 두엄 아래 자빠졌구나.
두꺼비가 말하기를, 마침 내가 몸이 빨랐기에 망정이지 조금 둔했더라면 멍들 뻔했구나.

문제 이 시조를 읽고, 다음 보기 중에 '힘없는 백성'을 상징하고 있는 것은?
① 두꺼비   ② 파리   ③ 건너편 산   ④ 두엄   ⑤ 흰 송골매

이 문제의 정답은 ②번 파리였다. 그러나 나는 다음과 같은 이유로 ④번 두엄이라고 생각했다.

'두꺼비는 탐관오리다. 두꺼비가 물고 있는 파리는 부정한 방법으로 모은 재산이다. 두꺼비가 깔고 앉은 두엄(=거름, 퇴비)이 힘없는 백성들을 상징하고 있다.'

아무리 고민해도 내 결론이 맞는 것 같았다. 나는 이런 중대한 '출제 오류'를 따지기 위해 교무실로 찾아가서 선생님에게 문제를 들이밀었다. 그러나 내가 말을 꺼내기도 전에 국어 선생님은 이렇게 말씀하셨다.

"철범아, 네가 무슨 생각 하는지 안다. 다른 것도 답이 될 수 있지 않느냐는 거지? 네가 국어 공부를 하다 보면 앞으로 이런 일이 많을 거야. 하지만 국어란 원래 그런 과목이야. 100% 정답은 없어. 정답이란 많은 사람들이 옳다고 생각할 확률이 높은 것일 뿐이야."

그 후로 계속 공부해 나가면서 나는 그 말이 진리임을 깨달았다. 국어는 수학처럼 절대적인 정답이 있는 게 아니다. 따라서 나만의 편협한 생각에 빠지는 것을 조심해야 한다. 물론 스스로 논리를 세우는 것은 중요하다. 그러나 그 논리에 집착하며 오로지 그것만이 옳다고 여기고 모든 것을 끼워 맞추려 하면 안 된다.

나는 답안지의 설명이 납득되지 않을 때는 내 논리를 버린 채 마음을 열고 문제와 해설을 열 번, 백 번 계속 반복해서 읽었다. 그러다 보면 갑자기 산 위에서 마을을 내려다보는 것처럼 모든 것이 선명하게 보이곤 했다. 그래도 해결되지 않을 때는? 그때는 교무실로 달려가는 게 최고다. 다른 사람의 생각을 들어보면 비로소 나만의 편견이 보이기 때문이다.

6. 해설을 보기 전에 자신만의 논리를 세워놓아라

국어 문제를 틀렸다고 가정해 보자. 많은 학생이 바로 해설을 본다. 왜 틀렸는지 알고 싶기 때문이다. 하지만 그런 식으로 공부하면 얻는 게 별로 없다. 어떻게 하면 좋을까? 일단 문제를 풀고 나면 정답만 확인하고 해설은 아직 읽지 않는 게 좋다.

만약 내가 2번을 정답이라고 썼는데 답안지에는 1번이 정답으로 되어 있다. 그럼 다시 문제로 돌아와서 내가 2번을 정답이라고 생각하는 근거와 1번을 오답이라 생각하는 근거를 정리한다. 시간이 허락한다면 출제자가 1번을 정답이라고 주장하는 근거까지도 한번 예상해 본다. 해설을 보기 전에 해설을 한번 예상해 보라는 뜻이다.

해설은 그다음에 본다. 그때부터가 진짜 공부다. 출제자와 나의 논리 싸움이 시작된다. 그 싸움에서 내가 출제자의 논리를 받아들일 수 있다면 그 문제는 공부가 끝난 것이다.

그러나 아무리 생각해도 출제자의 논리를 받아들일 수가 없는 때도 있다. 예컨대 문제집을 풀다 보니 고향의 모습을 묘사한 시가 출제됐다. 해설은 시적화자의 심정이 '슬픔'이라고 한다. 그러나 나는 아무리 생각해도 슬픔이 아닌, '그리움'이라고 생각된다면?

이런 경우 대부분 학생은 찜찜하지만 해설을 받아들이고, '그렇구나! 시적화자의 심정은 슬픔인가 보네.' 하고 넘어간다. 하지만 진정한 국어 고수는 이런 좋은 기회를 놓치지 않는다. 나의 국어 실력을 올려줄 좋은 기회이기 때문이다.

일단 나의 입장과 근거를 명확히 하자. '시적화자는 지금 고향에서 멀리 떨어져 있다. 따라서 고향을 그리워하고 있다! 그러니 내가 맞다'라는 식으로.

이제 공부 잘하는 친구들이나 선생님에게 그 문제를 가지고 가보자. 내가 '그리움'이 정답이라고 생각하는 이유와 출제자가 '슬픔'이 정답이라고 설명하는 해설을 보여주면서, 그들의 생각은 어떤지 물어보라.

친구나 선생님의 이야기를 듣다 보면 깜짝 놀랄 때가 많다. 내가 너무 비약했다거나 증명해야 할 전제를 옳다고 가정했다거나 어휘의 개념을 다르게 알고 있었다는 등, 나에게 부족했던 부분이 발견된다. 실력은 이런 때 성장한다. '아하! 바로 여기에 고향이 변해버린 것에 대한 슬픔을 드러내는 시어들이 있었구나!' 하며 깨닫는 순간, 멈춰 있던 국어의 등급이 오르는 것이다.

7. 내신 국어, 이렇게 준비하자

국어 공부는 기초를 다지는 장기적인 공부법이 매우 중요하지만 중간고사가 코앞이라면 일단 단기적인 공부법으로 바꾸어야 한다. 시험을 2주 정도 남겨둔 상태에서는 무엇을 먼저 해야 할까?

일단 기출문제를 구해야 한다. 국어는 학교 선생님마다 출제 경향이 많이 달라지므로 기출문제가 특히 중요하다.

단, 기출문제를 볼 때 주의할 점이 있다. 출제된 '내용' 위주로 공부를 해야 한다는 점이다. 예를 들어 '소리 없는 아우성'이라는 표현을 들면서 이것은 '역설법'이라고 하는 문제가 나왔다고 치자. 이제 똑같은 문제는 다시 나오지 않을 것이다. 그러나 역설법과 같은 여러 표현 방식들, 즉 '관련 내용'은 반복 출제될 가능성이 매우 크다. 예컨대 이번 시험에서는 정지용의 「유리창」이라는 시를 제시하며, '외로운 황홀한 심사이어니'라는 부분을 가리키면서 이것은 어떤 표현 방식인지 물을 수 있다. 따라서 기출문제를 공부할 때는 어떤 '내용'이 출제됐는지를 보고 그와 관련된 부분을 철저히 공부해 두어야 한다.

기출문제를 모두 훑어봤다면 이제 교과서를 읽어야 한다. 교과서의 본문은 최소한 세 번은 정독하는 것이 좋다. 아무 생각 없이 읽기만 하면 지루하고 졸릴 수 있으므로 한 문단씩 읽고 그 문단의 주제를 생각해 본다든가 '그리고', '그러나' 같은 연결사에 동그라미를 쳐가면서 읽어보자. 글의 흐름이 보이기 때문에 공부의 효율이 훨씬 높아진다.

수업 시간에 필기한 것을 보는 것도 이때다. 교과서와 필기노트를 펼쳐놓고 수업을 회상해 보라. 그러면서 선생님이 중요하다고 강조했던 것이 무엇인지 떠올려본다.

교과서를 다 본 다음에는 자습서를 봐야 한다. 자습서에 있는 개념을 꼼꼼히 읽어보고 문제도 모두 풀어보는 것이 좋다. 시간이 없다면 문제부터 먼저 풀어본 뒤, 틀린 문제의 해당 개념만 찾아서 공부하는 것도 좋다.

자습서도 끝냈다면 마지막으로 문제집을 풀어야 한다. 국어 과목은 똑같은 내용이라도 어떤 사람이 출제하는지에 따라 문제의 방향이 완전히 달라진다. 그러니 한 문제집만 봐서는 시험을 완벽하게 대비하기 어렵다. 최소한 두 권은 풀어보아야 좋은 결과를 기대할 수 있다. 그리고 여러 번 반복해서 풀어보는 것이 가장 좋지만, 정 시간이 부족하다면 틀린 문제만큼은 반드시 다시 봐야 한다. 한번 틀린 것은 또 틀릴 가능성이 크기 때문이다. 이렇게 공부하면 국어는 얼마든지 정복할 수 있다.

실력별로 달라지는
국어 공부법

하위권

시간 맞춰 문제를 풀어본 뒤 점수를 내보고 해설을 보는 식의 평범한 방법은 하위권에게 효과가 적다. 이들은 국어에 대한 감각이 부족한 상태라서 이렇게 해봤자 기존의 실력을 다시 확인만 할 뿐이다.

모든 시험이 마찬가지지만 반복적으로 출제되는 개념이 있다. 하위권은 이것을 먼저 배워야 한다. 그러려면 먼저 '해설이 풍부한 문제집 또는 참고서'를 골라야 한다.

설명이 풍부한 교재를 골랐다면 '한 개'의 문제를 풀고 난 뒤에 곧바로 그 문제만 채점하자. 하위권 학생들에게 '모든 문제'를 다 풀고 해설을 보는 방식은 오히려 비효율적이다. 왜냐면 내가 어떤 이유로 이걸 정답이라 표시했는지 기억이 잘 나지 않기 때문이다. 그러니 문제에 대한 기억이 조금이라도 남아 있을 때 곧바로 해설을 펼쳐서 논리의 흐름을 배우는 것이 더 효과적이다.

만약 지문이 하나 있고 그에 딸린 문제가 다섯이라면, 처음에는 한 문제를 풀자마자 해설을 보고 다음 문제로 넘어간다. 며칠 또는 몇 주 동안 이런 식으로 공부하다가 점차 익숙해지면 이제는 한 지문에 딸린 다섯 문제를 다 풀고 나서 해설을 보라. 이렇게 점차 채점하는 문제 수를 늘려가다 보면 나중에는 모의고사 한 회를 다 푼 뒤에야 해설을 보게 될 텐데, 그때는 본인의 실력도 어느새 중위권 수준에 도달해 있을 것이다.

중위권

이들은 일단 '많은 문제'를 다뤄야 한다. 문제를 많이 다루게 되면 문제마다 일정한 패턴이 보이게 되고, 웬만한 문제에서는 쉽게 답을 골라낼 수 있게 된다. 이런 방식으로 공부하면 일정한 수준까지는 안정적으로 점수가 나오게 될 것이다. 하지만 거기에서 만족해서는 안 된다. 한 단계 더 도약해야 한다. 그러려면 중위권에 통상적으로 부족한 것 두 가지를 반드시 채워야 한다. 바로 '풀이 속도'와 '정확성'이다.

'풀이 속도'란 제한된 시간 내에 모든 문제를 다 풀어내는 능력을 말한다. 그러나 제한 시간 내에 답을 다 썼다고 하더라도 지문을 다 못 읽었다거나 찍은 문제들이 있다면 의미가 없다. 깊이 있는 사고를 통해 충분히 검토하고 도출한 답이어야 한다. 그것이 '정확성'이다.

여기서 2단계 공부법을 추천해 주고 싶다. 일단 1단계는 원래 시험시간보다 10분 더 빨리 정해진 문제들을 푸는 것이다. 예컨대 수능 모의고사 한 회를 푼다고 하자. 국어영역의 문항 수는 45개다. 시험시간 80분에서 답안지 마킹시간 10분을 빼고, 실전보다 더 가혹하게 훈련한다는 의미로 10분을 더 뺀다. 그러면 60분인데 이 시간 동안 45문제를 푸는 것이다. 시간이 부족하면 대충 생각하거나 그냥 찍자. 즉 1단계 목표는 높은 점수를 받는 게 아니라 주어진 시간 내에 일단 정답을 '모두' 체크하는 것이다.

이렇게 1단계의 60분이 지났다면 채점을 하지 않은 채로 곧바로 2단계에 들어간다. 45문제를 다시 풀어보며 시간을 충분히 들여 생각한다. 만약 다른 보기가 정답 같다면 변경해도 된다. 대신 그렇게 변경했다는 표시는 해야 한다. 즉 2단계의 목표는 시간을 충분히 들여 어떻게든 정답을 찾아내는 것이다. 이제 채점을 해보자.

1단계의 점수(즉 정답을 바꾸지 않았다고 가정했을 때의 점수)는 '실제로' 지금 당장 시험을 치르게 된다면 내가 받게 될 점수다. 반면 2단계의 점수(시간을 들여 고민한 후 정답을 바꾼 것을 기준으로 채점한 것)는 내가 가지고 있는 실력의 최대치다.

두 점수의 차이가 크다는 것은 무슨 뜻일까? 실력은 있는데 속도가 느리다는 뜻이다. 이런 학생은 시간을 정해놓고 문제를 빠르게 푸는 연습을 해야 한다. 만약 두 점수의 차이가 그리 크지 않지만 점수 자체가 낮으면 이건 무슨 뜻일까? 풀이 속도는 충분하지만 독해력 자체가 낮다는 뜻이다. 이런 학생은 한 문제를 풀더라도 깊이 있게 고민하는 스타일의 공부를 해야 한다.

2단계 공부법으로 꾸준히 연습해 보자. 그러면 균형 있는 공부를 할 수 있다. 시간 내로 푸는 연습도 할 수 있고 충분히 생각하면서 사고력을 기르는 공부도 할 수 있다. 두 점수의 차이를 통해 나에게 부족한 부분이 무엇인지도 쉽게 알 수 있으니 일석삼조의 공부가 된다.

상위권

상위권 학생들이 국어를 공부할 때 저지르는 가장 큰 실수는 독서를 소홀히 한다는 것이다. 일단 당장은 그럭저럭 점수가 나오기 때문에 독서의 필요성을 크게 못 느낄 수도 있다. 그러나 독서를 소홀히 하면 나중에 아무리 공부해도 국어 점수가 더는 오르지 않아 좌절하게 되는 날이 반드시 온다.

고3이 아니라면 기본적인 내공 향상을 위해 독서를 절대 소홀히 하면 안 된다. 한 달에 책을 한 권 이하로 읽는 학생이라면 문학 같은 가벼운 책부터 시작하는 것이 좋다. 물론 무협·판타지나 로맨스 소설도 안 읽는 것보다야 낫다. 그러나 재미가 아니라 국어 점수를 향상시키는 데에 목표가 있다면 고전이라 불리는 문학 작품을 읽는 편이 효율 측면에서 훨씬 낫다. 그러다가 책 읽는 데 익숙해지고 재미가 붙으면 현실 사회를 비판적으로 다룬 책이나 철학적 주제를 담은 깊이 있는 책으로 넘어가면 된다.

문제 풀이 측면에서는 상위권 학생들은 '사고력' 위주의 학습을 해야 한다. 이들은 문제의 유형에는 어느 정도 익숙해져 있을 테니 많은 문제를 푸는 것은 조금 비효율적이다. 대신 자신이 틀린 한 문제를 가지고 '최대한 오랫동안 고민하는 것'이 실력 향상에 도움이 된다. 물론 해설을 보지 않고 말이다. 원래 하위권일수록 해설을 가까이 두고, 상위권일수록 해설을 멀리 두어야 하는 것은 어느 과목에서나 공통된 공부법이다.

전략 02

영어, 완벽한 실력을 만들어라

다른 과목보다 영어 성적이 낮게 나오는 학생은 절대적인 공부량이 부족한 경우가 대부분이다. 성실하고 꾸준하게 공부하기보다는 요령만으로 문제를 푸는 학생이 대개 그렇다. 이런 학생은 보통 다른 암기과목에서도 낮은 점수를 받는다.

영어는 공부에 투자한 시간과 성적이 어느 정도 비례하는 경향이 있다. 쉽게 말하자면 영어는 (설령 머리가 좋지 않아도) 공부한 대로 성적이 나온다는 말이다. 왜냐면 영어는 결국 '언어'인데, 아무리 머리가 좋지 않아도 말을 못 하는 사람은 없기 때문이다.

그러므로 지금부터 이야기하는 영어 공부 방법을 자신에게 적용해서 꾸준히 노력한다면 영어는 다른 어떤 과목보다 빠르게 성적이 오르는 과목이 될 것이다.

1. 독해 지문을 통해 단어를 외워라

고등학교 2학년이 되면서 갑자기 영어 단어가 어려워진 나는 위기감을 느끼고 서점으로 달려가 단어책을 샀다. 흔히 볼 수 있는 '무슨무슨 수능영단어'라는 책이었다.

대략 훑어보니 1800단어가 들어 있었다. 그렇다면 하루에 30개씩 외운다면 60일, 즉 두 달이면 그 책에 있는 영어 단어를 모두 외운다는 말이다. 우와, 두 달 만에 수능영단어를 마스터한다니! 나는 꿈에 부풀어 그날부터 영어단어 공부를 시작했다. 하지만 결과는 대실패였다. 막상 해보니 외우는 건 너무나 지겨운 공부였다. 하기 싫어져서 하루 이틀 점점 계획이 밀리기 시작하다가 결국 그 단어책은 냄비 받침이 되었다.

단어책을 통째로 외우는 것은 웬만큼 공부 의지가 있지 않고서야 비효율적인 일이다. 왜 그럴까? 여기에는 네 가지 이유가 있다.

첫째, 단어책에는 내가 아는 단어와 모르는 단어가 뒤죽박죽 섞여 있다. 둘째, 중요한 단어와 중요하지 않은 단어의 구별도 없다. 셋째, 같은 책을 여러 번 보기 때문에 자주 보는 단어는 외웠다고 착각하게 된다. 넷째, 지루하게 나열된 단어책을 공부하다가 중도에 포기해 버리면 오히려 자신감만 없어진다.

외워야 할 단어는 단어책에 나열된 단어가 아니라 독해 지문에 있는 단어다. 교과서 본문이나 독해 문제집, 시험 기출문제의 대부분은 모두 독해 지문이다. 이들 독해를 하다가 모르는 단어가 나오면 일단 밑줄을 그어라. 하지만 바로 사전을 들춰서는 안 된다. 독해의 흐름이 깨지기 때문이다. 일단 그 지문의 독해를 끝내라. 문제도 풀고 정답도 표시한다. 그다음에야 비로소 아까 밑줄 쳤던 단어를 사전에서 찾아보는 것이다.

이렇게 독해 지문을 통해 단어를 외우면 두 가지 좋은 점이 있다.

첫째, '아는 단어'와 '익숙한 단어'가 구별된다. 아무리 익숙하더라도 독해하면서 뜻을 정확히 떠올릴 수 없다면 사실 그건 모르는 단어다. 독해를 하다 보면 이런 '긴가민가한' 단어를 많이 마주치는데, 이런 단어들을 완벽하게 외워주어야 영어 실력이 빠르게 향상된다.

둘째, 독해 지문 속의 단어는 더 잘 외워진다. 배가 고파야 음식이 맛있는 법이다. 모르는 단어 하나 때문에 해석이 안 돼서 쩔쩔매다가 나중에 그 뜻을 알게 되면 '오호? 이런 뜻이었구나?' 하며 답답하던 마음이 탁 트인다. 그런 단어는 기억에도 오래 남는다.

2. 나만의 단어장 만드는 요령

독해하면서 내가 외워야 할 단어를 찾았다면 반드시 단어장에 옮겨 적어야 한다. 교재를 덮고 나면 내가 모르는 단어가 그 책 어딘가에 있다는 사실조차 잊어버리기 때문이다. 어렵게 찾은 보석을 땅에 묻어버리면 되겠는가? 반드시 나만의 단어장에 적고 그 단어를 '내 것'으로 만들어야 한다.

단, 주의할 점이 있다. 단어를 수첩에 옮겨 적을 때는 양쪽 페이지에 뜻과 스펠링을 각각 적는 것이 좋다. 아래와 같은 식이다.

이렇게 뜻과 스펠링을 분리해서 적어야 테스트하기가 쉽기 때문이다. 테스트할 때는 한쪽 페이지를 가리기만 하면 되니까. 스펠링을 보면서 뜻을 떠올려볼 수도 있고, 뜻을 보면서 스펠링을 떠올려볼 수도 있다. 이렇게 '양방향'으로 암기를 해야 그 단어가 확실히 내 것이 된다. 그리고 처음 보는 단어라면 발음기호를 보지 말고 한번 발음해 보자. 그런 후 실제 발음기호를 본다. 제대로 읽었다면 굳이 단어장에 표시하지 말고 틀린 경우에만 발음기호를 표시해 두면 된다.

3. 스펠링보다 발음을 익혀라

Korea will see an unprecedented form of government from Feb.25 as political parties failed to compromise on the government reorganization bill.

_「The Korea Times」

위 영어 지문을 한번 독해해 보라. 머릿속에서 어떤 작용이 일어나는가? 아마 글을 보자마자 '코리아 윌 씨…….' 하고 머릿속으로 읽게 될 것이다. 만약 모르는 단어가 없다면 읽으면서 '한국은 보게 될 것이다'라는 식으로 직독 직해하게 된다.

문제는 그다음이다. 'unprecedented'라는 단어에 눈이 갔을 때 당신은 '보고' 있는가? 아니면 '읽고' 있는가?

u, n, p, r, e, c, e, d, e, n, t, e, d 하며 알파벳 모양을 '보기만 하고' 뜻을 떠올리는가? 아니면 알파벳 모양과 함께 '언프레서덴티드'라고 '읽으면서' 뜻을 떠올리는가? 당연히 후자일 것이다. 즉 '언프레서덴티드'라는 단어의 뜻을 머릿속에서 끄집어내 주는 '열쇠' 역할을 하는 것은 스펠링이 아니라 바로 '발음'이다.

만약 이 단어를 알고 있다면 머릿속으로 '언프레서덴티드'라고 읽는 순간 우리의 뇌는 기억저장창고에서 그 발음과 연결된 '유례가 없는'이라는 뜻을 꺼내오게 된다.

따라서 단어를 외울 때는 정확한 스펠링보다는 정확한 발음을 외워야 한다. 연습장에 'unprecedented'를 수백 번 써봤자 어떻게 읽는지 모른다면 이 단어를 안다고 할 수 없다. 스펠링을 계속 쓰는 대신 머릿속으로 '언프레서덴티드, 유례가 없는, 언프레서덴티드, 유례가 없는……' 하고 계속 되뇌어 보라. 입으로 말하면서 귀로는 그 발음을 듣고 머릿속으로는 뜻을 떠올린다. 스펠링은? 그건 두어 번 정도만 써주면 된다. 어차피 수능 영어가 스펠링을 정확히 써야 하는 시험은 아니지 않은가?

이렇게 외우면 머리와 입과 귀와 손을 모두 사용하기 때문에 기억에 훨씬 오래 남는다. 게다가 머릿속에서 계속 발음하거나 뜻을 떠올리게 되므로 잡생각이 들어올 여지도 없다.

4. 하루에 예문 하나씩은 외우라

오랜 기간 영어권 국가에서 살지 않은 이상 우리의 영어는 살면서 자연스럽게 터득한 것이 아니라 책을 통해 암기해 가며 익힌 것이다. 그래서일까? 많은 학생이 단어의 뜻만 외우고 있을 뿐 정확한 뉘앙스를 알지 못한다.

예를 들어 'awful'과 'awesome'은 둘 다 '대단한'이라는 뜻이지만,

awful은 awesome과는 달리 좋은 뜻으로 쓰이는 경우가 없다.

내가 외운 단어가 어떤 상황에서 쓰이는지 모른다면 실생활에서 써먹기도 힘들뿐더러 독해를 할 때도 치명적인 실수를 범하게 된다.

해결 방법은 단어를 '예문과 함께' 암기하는 것이다. 예를 들어보자. 'slim'이라는 단어는 '몸이 마른'이라는 뜻이다. 'thin'이라는 단어 역시 비슷한 뜻이다. 그렇다면 두 단어의 차이점은 뭘까? 다음은 옥스퍼드 사전에 나와 있는 두 단어의 예문이다.

She has a beautifully slim figure.
(그녀는 아름답게 날씬한 모습을 하고 있다.)

Mother looked thin and tired after her long illness.
(어머니는 오래 앓고 난 뒤 여위고 지쳐 보였다.)

즉 'slim'은 날씬하고 보기 좋게 말랐다는 뜻이고, 'thin'은 보기 안 쓰럽게 말랐다는 뜻이다. 예문과 함께 단어를 외우는 사람은 단어의 이런 작은 뉘앙스까지도 익히는 셈이다. 만약 예문을 암기하지 않고 뜻만 외우면 'terrible(끔찍한)'을 써야 할 자리에 'terrific(죽여주게 멋 진)'을 쓰게 된다.

물론 예문을 같이 외우려면 공부는 조금 더 힘들어질 수 있다. 나도 처음에는 예문과 함께 단어를 외우는 공부 방식을 비효율적이라고 생각했다. 하지만 '영어 깨나 한다는 사람들'이 한결같이 문장과 함께 단어를 외우라고 하니 속는 셈 치고 한번 실천해 보았다. 그랬더니 한자리에 머물러 있던 성적이 오르기 시작했다.

어쩌면 그건 당연한 일이다. 단어는 문장의 성분이므로 문장 속에 있을 때만 완전해지는 것이다. 예문과 함께 단어를 외우면 그 단어가 문장에서 어떤 문법 구조로, 어떤 뉘앙스로 쓰였는지까지 습득할 수 있다. 이러니 성적이 안 오를 수가 없다.

물론 시간이 부족하므로 모든 단어의 예문을 암기할 수는 없다. 그러나 하루에 한 문장 정도는 누구라도 가능하지 않을까? 나는 하루 공부를 모두 마치고 집으로 가면서, 그날 외운 영어 문장 하나씩을 중얼거렸다. 당신도 꼭 해보길 권한다. 단어 실력, 문법 실력, 독해 실력이 동시에 늘어남을 분명 느끼게 될 것이다.

5. 문법은 방학마다 한 권의 교재를 반복해서 보는 것이 좋다

독해 교재는 여러 권의 교재를 다양하게 볼수록 좋지만 문법 교재는 그 반대다. 문법은 하나의 교재를 선택해서 그걸 여러 번 반복해서 보는 것이 가장 좋다. 설명이 풍부해야 하므로 너무 얇은 책은 좋지 않다. 또 학기 중에는 문법 공부까지 할 시간이 나지 않기 때문에 영문법 공부는 방학 때마다 하는 것이 가장 좋다.

시중 인터넷 강의를 활용하는 것도 나쁘지 않다. 다만 '모든 영문법을 2주 만에 완성한다!' 같은 강의처럼 속성 코스는 별로 좋지 않다. 그런 강의를 듣고 나면 빠르게 영문법을 마스터했다는 '느낌'은 들지 몰라도 정작 문제를 풀어보면 맞히는 게 별로 없을 것이다. 문법은 한번 배울 때 꼼꼼히 배우고 그걸 방학 때마다 반복하는 것이 원칙이다. 따라서 인터넷 강의를 듣더라도 간단하게 맥락만 훑어주는 강의보다는 비록 강의 수가 많더라도 모든 부분을 꼼꼼히 짚어주는 강의가 더 낫다.

6. 영어듣기를 만점 받는 방법

듣기 교재는 어떤 것을 선택하든 상관없다. 시중의 듣기 문제집을 구입하는 것도 좋고, '한국교육과정평가원' 홈페이지에 들어가 수능 기출문제와 영어듣기 파일을 내려받아도 된다.

먼저 중·하위권에게 추천하는 영어듣기 공부법을 소개한다. 수능에서 영어듣기는 17문제로 보통 20분 정도 걸린다. 한 시간 동안 이것을 3번 반복하는 것이다. 처음에는 일단 들으면서 문제를 푼다. 두 번째는 해설에 있는 대본을 보면서 들어본다. 독해 실력이 약한 학생은 대본을 미리 독해한 다음에 들어도 된다. 세 번째는 대본을 덮고, 다시 문제만 보면서 들어본다. 이렇게 하루에 딱 한 시간씩 듣기를 반복하면 3개월 뒤에는 점수가 오르기 시작할 것이다.

상위권이라면 이 방법이 맞지 않을 수도 있다. 상위권 간의 경쟁에서는 잘 안 들리는 한두 문제로 결판이 나기 때문이다. 이제부터는 잘 안 들리는 한두 단어를 '정확히' 듣는 것이 중요하다. 강력히 추천하는 방법은 '받아쓰기'다. 영어듣기에 그리 많은 시간을 투자할 수 없으므로 하루에 한두 문제만 받아쓰는 것이 좋다.

한 지문을 수십 번 반복해서 들으면서 지문을 그대로 써본다. 이때 포인트는 '정확성'이다. 'a'나 'the' 같은 관사나 'of' 같은 전치사, 복수명사 끝에 붙는 's' 등은 아마 거의 들리지 않을 것이다. 이런 것들을 최대한 들으려고 해야 한다. 하루에 한두 문제만 이렇게 받아써 보라. 역시 3개월 뒤면 들리지 않는 단어가 없게 된다.

7. 독해를 만점 받는 방법

사실 영어 독해 실력을 올리는 방법은 간단하다. 단어를 많이 외우고 문법을 확실히 익혀두며 다양한 영어 지문을 꾸준히 접해보는 것이다.

그러나 이것은 당연한 얘기이고 실제 시험에서는 기본 실력만큼 '풀이 요령'도 중요하다. 시험 시간이 촉박하므로 모든 문장을 일일이

해석해서는 독해에서 고득점을 받을 수가 없기 때문이다. 짧은 시간 내에 독해를 빨리 하기 위한 몇 가지 전략을 소개한다.

1. 시험 칠 때 정확히 '번역' 하려고 하지 않는다.
2. 예시나 부연 설명 같은 지엽적인 부분은 과감히 넘어가는 배짱도 필요하다.
3. 단, 첫 문장만큼은 정확히 해석한다. 글의 분위기와 주제, 방향을 예측할 수 있기 때문이다.
4. 주어, 동사, 수식어로 끊어 읽는 습관을 들인다.
5. 모르는 단어가 나와도 겁먹지 말고 문맥을 통해 뜻을 유추해 본다.
6. 읽으면서 앞으로 전개될 내용을 미리 상상해 본다.
7. 여러 문단으로 된 글을 읽을 때는 각 문단의 중요 내용을 기억해 둔다.
8. 연결사는 모두 동그라미 쳐둔다. 그렇게 하면 글의 논리 구조가 한눈에 보인다.

마지막으로 독해를 잘하기 위해서는 글의 성격에 맞는 독해 방법을 써야 한다. 그래야 시간에 쫓기지 않으면서도 문제를 모두 풀 수 있다.

자신의 의견을 주장하는 글은, 보통 한두 문장의 주제문과 그 주장을 뒷받침하는 보충문들로 이루어져 있다. 이런 종류의 글은 빠르게 주제문을 찾는 것이 관건이다. 주제문은 보통 글의 앞이나 뒤에 나온다. 그러나 어떤 글은 앞부분에 일화를 제시하고 중간에 주제문이 나오기도 하니 조심해야 한다. 예화를 들고 있다면 그 예화의 바로 앞이나 뒷문장이 주제문일 가능성이 높다. 요약의 뜻을 가진 접속사(so, in conclusion, therefore, thus 등) 뒤에 나오는 문장도 대부분 주제문이다.

주제를 찾으라는 문제에서는 너무 넓거나 너무 좁은 주제는 답이 아니다. 예를 들어 쓰레기를 줄이자는 내용의 글이라면 '환경오염을 방지하자'는 너무 넓어서 답이 될 수 없고, '분리수거를 하자'는 너무 좁아서 답이 될 수 없다.

'다음 글과 일치하는 내용은?', '다음 글을 통해 알 수 있는 사실은?' 처럼 사실을 확인하는 문제는 '보기'를 먼저 읽어야 한다. 지문을 먼저 읽고 보기를 나중에 보면 각각의 보기가 맞는지 확인하기 위해 지문을 다시 읽어야 하므로 시간이 오래 걸린다. 따라서 보기를 먼저 읽고, 그런 내용이 지문에 그대로 나오는지 하나씩 확인하는 방식으로 풀어야 시간을 줄일 수 있다.

그래프가 나오는 독해 지문은 함정을 조심해야 한다. 특히 그래프가 '꺾이는 부분'은 출제자가 자주 써먹는 함정이다. 그래프의 선이 상승하다가 하락하는 곳을 가리키면서 '수치가 가장 낮다'라고 말하는 식이다. '하락하기 시작한다'라는 말과 '수치가 가장 낮다'라는 말은 엄연히 다른 의미다.

글의 분위기나 필자의 태도를 묻는 문제는 형용사나 부사 등의 '수식어'를 주의 깊게 살펴보면 된다. 분위기든 태도든 모두 사람의 감정과 관련된 것이다. 이런 글은 굳이 해석을 완벽히 할 필요 없이 형용사와 부사만 눈여겨봐도 대략의 분위기를 추측할 수 있다.

실력별로 달라지는
영어 공부법

하위권

하위권은 모르는 단어가 너무 많아 독해 공부를 하기가 상당히 힘들다. 독해는 포기하고 단어책을 사서 처음부터 꼼꼼하게 외우고 싶은 충동이 일어날 것이다. 그러나 참아라. 아무리 영어의 첫걸음이 단어라고 하더라도 무턱대고 많이 외우려고 들면 안 된다. 하위권 학생이 이렇게 공부하면 시간만 많이 잡아먹고 쉽게 지쳐버린다.

내가 썼던 방법은 이것이다. 일단 독해 지문을 해석하기 전에 모르는 단어에 모두 동그라미를 쳐둔다. 그리고 곧바로 해설을 펼친다. 즉, 답부터 보고 문제를 푼다는 말이다. 해석이 되어 있는 부분을 한 문장 읽고, 다시 독해 지문으로 돌아와 영어를 한 줄 읽는다.

이렇게 공부하면 '아! 우리나라 말을 영어로 바꾸면 이렇게 되는구나!' 하며 배우게 된다. 해석을 미리 보고 독해를 하니 진도도 빠르다. 그럼 공부에 재미도 붙는다.

동그라미를 쳤던 단어는 한 번씩 외워주고 넘어가되 다음 날 잊히더라도 신경 쓸 필요 없다. 어차피 독해량이 많아지면 중요한 단어는 계속 반복될 테고 그럼 저절로 외워질 것이다. 지금 당장은 독해량을 늘려서 단어와 영어 표현을 최대한 많이 접하는 것이 훨씬 더 중요하다.

중위권

나만의 '단어장'은 이때부터 만드는 게 좋다. 하위권 학생이 단어장을 만들려면 수첩에 적어야 할 단어가 너무 많기 때문이다. 그리고 이제부터는 단어를 '정확히' 외워야 한다. 일단 단어장에 적어놓은 단어는 모두 내 것으로 만든다는 각오로 보고 또 보자.

문법을 확실히 공부해야 할 시기도 바로 이때다. 문법을 몰라도 문장의 뜻을 대강 알 수 있다고 해서 문법공부를 소홀히 해서는 안 된다. 어려운 지문을 정확하게 독해하기 위해서는 체계적인 문법 지식이 내 안에 녹아 있지 않으면 불가능하기 때문이다.

독해 요령도 중요하다. 중위권 학생들이 연습해야 할 독해 요령의 핵심은 '최소한의 문장만 해석하고도 정답을 찾아내는 능력'이다. 구석에 있는 작은 형용사 하나만으로도 글의 분위기를 파악할 수 있어야 하고, 접속사 하나만으로도 글의 주제문을 찾을 수 있어야 한다. 그러려면 평소에 '최소한의 문장만 해석한다!'는 원칙을 항상 의식하면서 독해 훈련을 해야 한다.

상위권

상위권은 한두 문제로 백분율과 등급이 바뀌고 당락도 뒤바뀌게 된다. 그러니 하나라도 틀리지 않는 전략으로 가야 한다.

먼저 자신이 어떤 유형의 문제를 자주 틀리는지 점검해야 한다. 실수가 잦은 학생이라면 연습량을 늘려야 하고, 문법이 약하다면 좋은 문법책을 한 권 골라 여러 번 반복해서 봐야 한다. 듣기가 약한 학생이라면 하루에 최소한 30분 이상 꾸준히 투자해야 한다. 이렇게 자신의 약한 부분을 중점적으로 보완하는 학습 전략은 어느 과목이든 상위권의 기본자세다.

어학 과목의 특성상 매일매일 그 언어의 감각을 유지하는 것이 실력 향상에 매우 중요하다. 그러니 성적이 잘 나올 때도 방심하지 말고 하루에 조금씩이라도 꾸준히 공부해야 한다. 다른 과목은 몰라도 영어 과목만큼은 '부지런함'으로 반드시 만점을 받을 수 있다.

수학, 수준별 공부법을 실천하자

나는 고등학교 1학년이 끝날 때까지 수학을 아주 못했다. 그러나 25점에서 출발한 수학 점수는 한 학기 만에 만점이 되었고, 실전 수능에서도 만점을 놓치지 않았다. 그렇게 될 수 있었던 건 내가 머리가 좋거나 끈기가 있었기 때문이 아니다. 게다가 고등학교 때 과외나 학원 수업은 단 한 번도 받아본 적 없고, 인터넷 강의도 들어본 적이 없다.

나는 누구나 이처럼 될 수 있다고 믿는다. 중요한 것은 방법이다. 당시 어떤 이는 나에게 선행학습을 하라고 하거나 어려운 문제를 많이 고민하라고 조언했다. 심지어 경시대회 문제를 추천하는 선생님도 있었다! 만약 내가 그런 방법들을 썼으면 어땠을까? 지금 생각하니 가슴이 철렁 내려앉는다. 그런 방법들은 모두 상위권의 공부법이기 때문이다.

수학은 다른 어떤 과목보다 실력에 따라 공부 방법이 확연히 달라지는 과목이다. 나는 실력에 따라 다른 공부 방법을 사용했다. 점수가 높아지고 실력이 늘면 그에 맞게 공부법을 바꾸었다. 그리고 그것이 옳은 전략이었다는 것은 결과가 증명해 주었다.

이제부터 나는 수학 공부 방법을 성적에 따라 4단계로 나누어 설명할 것이다. 수학은 어느 과목보다 '실력별'로 나눠서 진행해야만 성적이 오른다.

이제부터 말하는 방법은 내가 효과를 톡톡히 봤던 것들이다. 또한 내가 가르친 많은 학생들도 이 방법으로 성적이 올랐다. 독자들도 자신의 수준에 맞는 공부법을 이용해 끈기를 가지고 노력한다면 분명 최상위권이 될 수 있다.

1. 60점대 이하는 저학년 교과서부터 보라

수학에서 25점을 받은 직후 누군가가 나에게 '쉬운 문제집'을 풀어보라고 했다. 그래서 쉽고 얇은 문제집을 사서 풀어보았다. 가끔 풀리는 문제가 있긴 했으나 쉬운 문제만 풀다 보니 문제가 조금만 어려워도 풀지 못했다. 내가 원한 것은 그런 것이 아니었다. 내 목표는 아무도 풀지 못하는 어려운 문제까지 풀어내는 경지에 이르는 것이었다. 한마디로 말하자면 나는 '건방지게도' 최상위권이 되고 싶었다. 그런데 어떻게 해야 하위권에서 최상위권으로 올라갈 수 있을까?

고등학교 2학년 수학에는 '지수·로그 함수'가 나온다. 함수에 대한 기초가 전혀 없었던 나는 내용을 도저히 이해할 수 없었다. 고등학교 1학년 책을 봤지만 역시 이해가 되지 않았다. 중학교 교과서를 뒤적였다. 함수 개념이 처음 나오는 건 중학교 1학년 1학기였다. 내가 기초가 얼마나 없었는지 절감하는 순간이었다.

겨울방학 동안 중학교 교과서를 모두 읽고 풀었다. 아는 내용이라 생각했는데 차근차근 읽어보니 의외로 모르고 있었던 내용이 많았다. 사실 교과서만큼 기본 개념이나 공식의 유도 과정을 쉽고 자세히 설명한 책이 없다. 교과서를 꼼꼼히 읽는 것만으로도 스펀지에 잉크가 스며들듯 내 머릿속이 점점 '수학화'되는 듯한 느낌을 받았다.

교과서의 예제에는 보통 풀이 과정이 나와 있다. 나는 그 풀이 과정을 읽어본 후 반드시 내 손으로 직접 풀어봤다. 부지런해서가 아니었다. 그렇게 따라 풀어보지 않으면 뒤의 연습문제는 도저히 풀 수 없었기 때문이다. 그렇게 나는 한 달 동안 고등학교 1학년 교과서까지 모두 읽고 풀었다. 내 수준에 맞는 학년부터 공부했기 때문에 나는 드디어 수학에 흥미를 붙일 수 있었다. 모든 단계를 차근차근 밟았다는 자신감은 그 후로도 많은 도움이 됐다. 아무리 어려운 문제를 대해도 '내가 모르는 개념은 없다. 좀 더 생각하면 반드시 풀 수 있다'라는 생각을 하게 됐다. 지금 생각하니 서점에 꽂혀 있던 중학교 교과서에 손을 갖다 댄 그때가 내 인생에서 가장 중요한 변화가 시작된 순간이었다.

수학 하위권 학생은 일단 저학년 교과서부터 보라. 만약 자기 학년 교과서의 연습문제를 풀어봐서 80% 이상 못 맞힌다면 과감히 지난 학기나 저학년으로 내려가라. 부끄러워할 필요 없다. 서울대에 합격한 나도 고등학교 2학년 때, 게다가 이과생이었는데도 중학교 1학년 교과서부터 공부했다.

수학은 다른 과목과 달리 저학년의 내용을 완벽하게 숙지해야 고학년에서 고득점을 할 수 있다. 학년이 올라가면서 완전히 다른 내용이 이어지는 것이 아니라 이미 배운 내용이 점점 심화되기 때문이다.

수학 성적을 빠르게 올리는 비결은? 바로 기초부터 닦는 것이다. 지금의 성적에 계속 머무르고 싶다면 친구들이 보는 문제집을 따라 보면 된다. 하지만 최상위권이 되고 싶은 '건방진' 학생들은 나처럼 교과서에 손을 대라.

주위에서는 다른 말을 할 수도 있다. 학교 선생님을 찾아가 정말 저학년 교과서를 봐도 되겠냐고 묻는다면 아마 반대하는 분이 많을 것이다. 하지만 그분이 반대하는 이유는 이 방법이 효과가 없기 때문이 아니라 당신을 신뢰하지 못하기 때문이다. 저학년 교과서를 보겠다는 당신의 말이 학교 선생님에게는 이렇게 들리는 것이다.

"나는 저학년 교과서로 혼자 공부할 테니 앞으로 학교 수업은 제대로 듣지도 않고 내신시험도 전혀 준비하지 않겠어요!"

그러니 학교 선생님은 걱정스러울 수밖에 없다. 이건 나 역시도 같은 생각이다. 아무리 수학의 기초가 중요하다 해도 학교 수업을 잘 따라가야 한다는 공부의 대원칙만큼 중요하지는 않다. 따라서 수학 기초가 약해서 저학년 교과서를 보겠다면 그건 그날의 수업 복습을 모두 끝내고 어떻게든 시간을 '추가로' 만들어서 해야 한다. 그러니 이제 학교 선생님에게 이렇게 말해보라.

"선생님. 제가 고1 함수 단원에서 기초가 약한 것 같아요. 전 하루에 수학 공부를 4시간 하는데, 그중 1시간은 중학교 수학의 함수 부분부터 차근차근 풀어볼까 해요. 괜찮을까요?"

아마 아까와는 대답이 다를 것이다.

2. 70점대라면 같은 문제를 여러 번 반복해서 풀어라

저학년 교과서로 충분히 기초를 닦았는가? 그리고 지금 학년의 교과서도 충분히 읽고 거기 실린 문제들도 모두 풀었는가? 그렇다면 기본 개념과 공식은 알게 되었을 것이다.

이제부터는 '공식을 써먹는 공부'를 해야 한다. 수학 점수가 70점대에 머물러 있는 학생들은 특히 이 부분이 약하다. 공식은 알고 있지만 응용문제에서 막힌다. 쉬운 문제는 풀지만 문제를 조금만 비틀어놓으면 풀지 못한다. 공식을 언제 어떻게 써야 하는지 훈련되지 않았기 때문이다. 그러니 이제부터는 공식과 관련된 문제를 많이 풀어보아야 한다. 그래야 낯선 문제를 만났을 때도 쉽게 공식을 사용할 수 있을 것이다.

이 시기는 공식을 단순 적용하는 쉬운 문제와 조금은 곰곰이 생각해야 하는 문제를 3 : 7 정도로 섞어서 최대한 '많이' 풀어야 한다.

그런데 이때의 '많이'는 다양한 문제를 풀라는 의미가 아니다. 다양한 문제를 푸는 것은 실력이 더 성장했을 때의 공부법이다. 지금 단계에서는 똑같은 문제를 여러 번 '반복'해서 푸는 것이 훨씬 중요하다.

이 단계에서 적합한 책은 『개념원리 수학』(개념원리수학연구소) 등 소위 '기본서'라 불리는 교재다. 기초적인 문제부터 난도 높은 문제까지 잘 배치되어 있기 때문이다. 문제의 양도 공식을 완전히 내 것으로 만들기에 부족함이 없는 정도다.

또한 교재에서 어려운 문제도 아직은 풀 필요가 없다. 예컨대 『개념원리 수학』이라면 각 단원 뒷부분의 어려운 문제들은 아직 풀지 않아도 좋다. 그러나 각 단원 앞부분, 즉 필수예제나 유제들은 반드시 최소한 두 번은 반복해서 풀어야 한다. 그래야 기본적인 문제를 확실히 맞힐 수 있는 실력으로 성장한다. 참고로 나는 『개념원리 수학』을

'세 번' 반복했다.

한편 교재에 풀이 과정은 적지 않는 것을 추천한다. 그런 걸 적어놓으면 두 번째 풀 때는 해답을 뻔히 보면서 푸는 셈이 되기 때문이다. 그러니 풀이 과정은 연습장에 따로 적는 것이 좋다.

3. 80점대는 최대한 다양한 문제를 풀어봐야 한다

이제는 기초도 있고 공식을 적용하는 기본적인 문제도 풀 수 있다. 그렇게 어려운 문제가 아니라면 어느 정도 풀이가 가능한데도 성적은 80점대에서 벗어나지 못하고 있다. 어떻게 해야 또 한 단계 뛰어오를 수 있을까?

지금부터는 소위 '양치기'다. 한 문제를 반복해서 푸는 것은 더는 효과가 없고 이제 다양한 문제를 되도록 많이 다뤄보아야 한다. 나는 모의고사 모음집을 다섯 권 정도 풀었는데 이렇게 하는 것도 좋고 『쎈 수학』(좋은책신사고)을 보는 것도 좋다. 다양한 문제들이 유형별로 나뉘어 있고 분량도 많아서 연습을 충분히 할 수 있을 것이다. 물론 취향에 따라서 시중의 일반 문제집을 여러 권 푸는 것도 좋다. 교재는 크게 상관없다. 그러나 무조건 '양'이 중요하다는 사실을 명심해야 한다.

4. 90점 이상은 사고력 위주로 공부하자

만약 어떤 학생이 한 시간 동안 수학을 10문제 풀었다고 하자. 다 푼 후에 답을 매겨보니 7문제를 맞혔고 3문제는 틀렸다. 틀린 문제는 해설을 보고 왜 틀렸는지 완벽하게 이해를 했다. 이 학생의 공부량은 얼마나 될까? 한 시간? 10문제? 아니면 7문제? 3문제?

안타깝게도 이 학생의 공부량은 0이다. 왜 그럴까? 이 학생은 문제를 풀기 전에도 7문제는 맞힐 실력을 이미 갖추고 있었다. 실력이 있었으니 맞힌 것 아니겠는가? 문제 풀이는 기존에 있는 실력을 확인한 것일 뿐 실력이 특별히 향상되었다고 볼 수 없다.

그럼 틀린 3문제만큼 공부한 것일까? 그것도 아니다. 틀린 문제는 자신이 정답을 생각해 낼 수 없었다는 말이다. 즉 사고력이 부족한 것이었다. 사고력은 해설을 보면서 고개를 끄덕끄덕한다고 길러지는 것이 아니다. 사고력을 기르기 위해서는 끝까지 고민해서 풀어내는 시간이 필요하다.

최상위권이 되고 싶다면 이제 '양치기' 공부에서 벗어나 '사고력' 위주의 공부를 해야 한다. 그런데 사고력은 '생각하는 시간'이 충분해야 길러지는 능력이다. 문제를 많이 풀기보다 문제를 푸는 과정에서 얼마나 많은 생각을 했는지에 좌우되는 것이다. 따라서 상위권은 한 문제를 가지고도 골똘히 생각하는 공부를 해야 한다.

만약 10문제를 풀어서 7문제를 맞히고 3문제를 틀렸는가? 이제 틀린 3문제는 해설을 보지 말고 골똘히 그리고 충분히 고민해 보라. 아무리 시간을 투자해도 못 풀겠다면 해설을 찾아보기보다는 차라리 친구나 선생님에게 물어보자. 그들이 답을 찾는 '과정'을 옆에서 지켜보면 나의 실력을 올릴 수 있는 힌트를 발견할 수 있다.

그리고 내가 맞혔던 7문제 역시 다른 풀이 방법은 없었을까 한 번씩 고민해 보자. 나는 1문제에서도 다섯 가지 풀이법을 끌어낸 적이 있다. 머리가 좋아서 가능한 일이 아니었다. 온종일 고민했기에 가능한 일이었다. 당신도 이렇게 공부하면 수학에서 만점을 놓치지 않을 것이다.

수학 점수를 올리는
필기 습관

연습장을 효율적으로 사용하는 3원칙

우선 수학 연습장 사용에 대해 세 가지를 조언하고자 한다.

첫째, 수학 연습장은 '줄(line)'이 있는 것으로 고르는 것이 좋다. 아무것도 없는 백지에다 그냥 여기저기 풀면 나중에 나의 풀이 과정을 다시 확인하기 힘들다. 검산하기도 불편하고 내가 실수한 부분을 찾기도 어렵다. 반면 연습장의 줄을 따라 한 줄씩 풀면 더 논리적으로 생각할 수 있고, 검산을 하거나 실수를 발견하기도 쉬워진다.

둘째, '문항번호'를 꼭 적어라. 그래야 나중에 내가 실수한 부분을 쉽게 찾을 수 있다. 연습장에서 풀이 과정을 찾는 시간도 꽤 많이 소모되므로 이 시간을 줄이는 것이 중요하다.

셋째, 한 면의 절반씩 풀어라. 수학 문제를 풀 때는 보통 긴 식을 옆으로 줄지어 쓰기보다는 짧은 식을 밑으로 연달아 쓰게 된다. 따라서 연습장을 쓸 때는 한 장을 길게 반으로 접어 그 절반씩 밑으로 써나가는 것이 좋다. 그러면 한 장에 많은 문제를 풀 수 있어서 각각의 풀이 과정이 한눈에 들어오는 장점이 있다.

글씨와 그림은 최대한 깨끗하게

글씨를 잘 쓸 필요는 없다. 그러나 깨끗하게는 적어야 한다. 공부 잘하는 친구들의 연습장을 보라. 한석봉 같은 '달필'은 별로 없다. '이런 글씨로 어떻게 공부를 잘하는 거지?'라는 생각이 들게 하는 연습장도 있다. 그러나 알아보지 못하는 글씨는 아마 없을 것이다. 이게 포인트다.

풀이는 내가 아닌 다른 사람도 알아볼 수 있을 만큼 깔끔한 글씨로 써야 한다. '뭐 어때, 나만 알아보면 되는 것 아닌가?'라고 생각하면 안 된다. 가끔은 나조차도 알아보지 못하기 때문이다. 남이 알아보기 힘든 글씨라면 시험처럼 긴장된 순간에는 자기도 모르게 헷갈리게 된다. 평소의 잘못된 습관이 수능처럼 결정적인 순간에 발목을 잡을 수도 있다.

깔끔하고 알아보기 쉽게 쓰는 팁을 제시하겠다. 왠지 지저분해 보이고 알아보기 힘든 글씨는 공통적인 특징이 있는데, 획과 획의 '이음새' 부분이 떨어져 있다는 것이다. 깔끔한 글씨를 원한다면 이 부분만 신경 쓰면 된다.

숫자나 기호를 쓸 때 획과 획의 이음새 부분만 확실히 막아줘도 훨씬 깔끔해진다. 나만 알아볼 수 있던 글씨가 누구나 한눈에 알아보기 쉬운 글씨로 바뀐다. 한번 시도해 보라. 눈에 띄게 깔끔해진 자신의 수학 연습장에 아마 깜짝 놀라게 될 것이다.

헷갈리는 기호나 숫자 쓰는 법

고등학교 1학년 때 학교 수학 선생님이 가장 먼저 설명한 것은 기호 쓰는 법이었다. 처음에는 '서예 시간도 아닌데, 내가 왜 수학 시간에 글씨 따위를 연습해야 하나?'라고 생각했다.

하지만 모의고사에서 너무나 쉬운 문제인데도 'z'와 '2'를 헷갈려 버려서 4점짜리 수학 문제를 놓친 후로는 생각이 완전히 바뀌었다. 수능에서 4점이면 원서를 쓸 수 있는 학과가 뒤바뀐다. 사소해 보이지만 중요한 것이니 다음에 말하는 것을 조심하길 바란다. (이 조언들 하나하나에 선배들의 피눈물이 담겨 있다.)

1. 알파벳 Z는 2와 헷갈린다. Ƶ처럼 중간에 선을 하나 더 그어야 헷갈리지 않는다.
2. 알파벳 소문자 l은 필기체 ℓ로 적어야 숫자 1과 헷갈리지 않는다.
3. 알파벳 소문자 t는 밑의 부분을 확실하게 꺾지 않으면 +와 헷갈리게 된다.
4. 변수로 많이 쓰는 알파벳 소문자 x는 ×(곱하기)와 헷갈린다. 이렇게 𝒳와

같이 첫 부분을 꺾어주거나 $\mathcal{N}$처럼 둥글게 쓰는 것이 좋다.

5. 고등학교 통계 단원에서 배우는 σ(표준편차) 기호는 자칫하면 0과 헷갈릴 수 있다. 둥글게 쓰지 말고 ▼처럼 모나게 쓰면 0과 혼동하지 않을 수 있다.

6. q, g, 8, 9. 이 네 가지는 쓰는 법을 확실히 구분하지 않으면 결정적인 순간에 실수를 하게 된다. q는 불편하더라도 '복잡하게' 쓰는 것이 좋다. $\mathcal{G}$ 같은 식으로 쓰면 된다. 언뜻 보면 g와 비슷하지만, $\mathcal{G}$는 중간의 세로선을 그은 후 '오른쪽'으로 말아 올리고, g는 '왼쪽으로' 말아 올린다. 8은 중간에 4개의 선이 한 점에서 만나는데, 이 부분을 깔끔하게 써주어야 한다. 획이 조금만 튀어나오거나 모자라면 g, $\mathcal{G}$와 헷갈리기 때문이다.

전략 04

사회, 효율적으로
개념을 공부하자

사회가 암기과목이라는 사실을 모르는 학생은 없을 것이다. 하지만 무턱대고 모두 외우려고 들면 낭패를 보게 된다.

모든 사건의 연도까지 완벽하게 외우는 것은 일부 최상위권의 공부 방법이다. 중위권 이하의 학생이 그렇게 공부하면 설사 사회에서 100점을 맞는다고 하더라도 국·영·수 과목의 성적이 떨어지게 된다. 사회 과목 암기에 너무 많은 시간을 투자했기 때문이다.

즉, 사회는 효율적인 시간 관리가 가장 필요한 과목이다. 시간은 적게 들이고 높은 점수를 받는 사회 공부 방법에 대해 알아보자.

1. 사회는 수업으로 90%를 끝내자

급하게 성적을 올리고 싶은 학생이 가장 먼저 접근하는 과목이 사회다. 그저 외우면 되는 과목이라 생각하기 때문이다. 나 역시 마찬가지였다. 영어와 수학은 성적을 올리는 데 많은 시간이 걸리기 때문에 나는 사회 성적부터 먼저 올리기로 작심했다.

시험 며칠 전 한국사 책을 펴서 구석기 시대 부분을 읽었다. 구석기 초기와 중기, 후기의 유물과 유적, 생활상을 모조리 암기한 후, 교과서에 실린 그림까지 완벽하게 외웠다. 마지막으로 문제집을 풀었는데 모두 맞았다. 자신감이 생겼다. 그러나 중간고사에서 내 한국사 점수는 어이없게도 70점을 넘기지 못했다. 문제집으로 풀 때는 모두 맞았는데 왜 그랬을까? 이유는 간단했다. 너무 꼼꼼히 공부하는 바람에 시험 범위를 모두 공부할 수 없었다. 구석기 시대에 대한 문제는 모두 맞혔지만 신석기 시대 부분은 긴가민가한 문제가 많았고 청동기 시대 부분은 모두 연필을 굴려 찍었다.

뼈아픈 교훈을 얻은 나는 기말고사를 준비할 때는 전략을 바꿨다. 모든 부분을 다 외우는 일은 불가능하다고 판단하고 중요한 것을 골라 그것만 완벽히 외우기로 했다. 그러나 공부 초짜인 내가 무엇이 중요한지를 가려내기란 어려운 일이었다. 그래서 수업에 집중했다. 수업 시간에 선생님이 설명하는 부분은 일단 출제될 가능성이 50%, 목소리 톤을 높여서 설명한다거나 특별히 강조하면서 설명하는 부분은 출제될 가능성이 100%라는 기준을 세웠다.

교과서에서 선생님이 설명하는 부분은 연필로 줄을 그었고, 특히 강조하는 부분은 빨간색으로 줄을 그었다. 설명이 길어지거나 예시를 들거나 관련된 문제를 풀어준 부분은 중요한 내용이라고 판단하고 제목을 형광펜으로 칠했다.

시험을 일주일 앞두고 교과서를 세 번 읽었는데 처음 읽을 때는 연필로 줄을 친 부분, 두 번째는 빨간 줄을 친 부분, 마지막엔 형광펜으로 칠한 부분을 읽었다. 그리고 그 기말고사에서 나는 난생처음 100점을 받았다.

다른 모든 과목이 마찬가지겠지만 사회는 특히 수업 시간에 집중하는 것이 중요하다. 수업 시간에 선생님이 설명하지 않는 부분은 시험에도 나오지 않는다고 보면 된다. 나는 구석기 시대의 '유적지'를 암기하고 그 위치까지 지도에서 확인했지만 그딴 문제는 시험에 나오지 않았다. 수업 시간에 선생님이 설명하지 않은 부분이었기 때문이다.

그러니 수업을 놓치지 말자. 물론 혼자서 공부하더라도 100% 암기하면 100점은 나오겠지만 우리에게는 시간이 별로 없다. 완벽히 암기하지 않고도 100점을 받고 싶다면 수업에 최대한 집중하자. 사회 공부의 90%를 수업 시간에 끝낸다고 생각하자. 그러면 당신은 사회 공부에 적은 시간을 들이고도 고득점을 받을 수 있을 것이다.

2. 그날그날 소화하는 게 최고

암기할 것이 많은 사회는 시험 직전에만 외워서는 고득점을 얻기 힘들다. 한순간에 모든 것을 완벽하게 외울 수는 없기 때문이다. 암기는 반복이다. 잊어버릴 만하면 외워주고, 잊어버릴 만하면 외워주고, 이런 식으로 반복해야 100% 암기가 된다.

가장 좋은 것은 수업 진도만큼은 그날그날 소화하는 것이다. 저녁 자습 시간에 수업 교재를 펼쳐놓고 오늘 수업 배운 부분을 꼼꼼히 읽은 후에 관련 문제를 풀어보자. 그날의 수업 내용만 공부하면 되므로 그리 오래 걸리지는 않을 것이다. 이렇게 평소에 미리미리 공부해 두면 시험을 앞둔 기간에 다시 훑어봤을 때 기억이 쉽게 난다. 적은 시간을 들여서 남들보다 앞설 수 있는 것이다.

3. 개념정리와 문제 풀이를 2 : 1의 비율로

수학과 과학은 많은 문제를 풀어보는 것이 실력 향상에 매우 중요하다. 다양한 문제를 풀면서 응용력이 길러지기 때문이다. 그러나 사회라는 과목은 좀 다르다. 어떤 개념을 응용하기보다는 개념 그 자체를 '정확히' 암기하는 게 더 중요하다. 따라서 사회 공부를 할 때는 문제 풀이보다는 개념 자체에 대한 공부 비율을 높이는 것이 좋다.

사회 개념을 공부하기 위한 교재로는 교과서도 좋고, 소위 기본서라 불리는 교재들도 좋다. 참고로 기본서란 많은 문제보다는 풍부한 개념 설명에 비중을 둔 교재를 말한다. 시중 사설 교재도 좋지만 『EBS 수능특강』교재도 과목에 따라서는 훌륭한 기본서가 될 수 있다. 교재마다 큰 차이는 없으니 서점에서 둘러보고 자기 취향에 맞는 것으로 고르면 된다.

사회 공부의 시간 비율은 개념정리와 문제 풀이가 2 : 1 정도면 적당하다. 예컨대 매일 90분을 공부한다면 60분은 기본서를 꼼꼼히 읽고 이해하면서 개념정리를 하고 나머지 30분은 문제를 풀어보며 약점을 보충하는 식이다. 이 비율을 반드시 지키라는 말은 아니지만 사회 과목은 개념정리를 문제 풀이보다 더 신경 써야 한다는 원칙은 꼭 실천하는 것이 좋다.

4. 한국사는 '단원별'로 중요 내용이 다르다

외울 것이 특히 많은 한국사를 공부할 때 교재의 모든 내용을 빠짐없이 외운다면 그것보다 좋은 일은 없을 것이다. 그러나 당장 시험이 코앞인데 공부를 별로 하지 못했다면 어떻게 해야 할까? 당연한 말이지만, 중요한 것 위주로 외워야 한다. 한국사는 분량이 방대해서 더욱 '시험에 나오는 것' 위주로 공부하는 전략이 중요하다. 시험을 앞두고 마음이 급한 학생들을 위해 각 시기별로 중요한 포인트를 짚어보도록 하겠다.

구석기와 신석기, 청동기·철기 시대의 경우 '유물'과 '생활상'이 중요하다. 유물을 제시하고 그 시대에 있을 법한 것을 고르는 문제가 가장 흔한 문제유형이다. 교과서에 실린 유물의 사진을 모두 눈에 익히고 어느 시대인지 유추할 수 있어야 한다. 더불어 각 유물에 맞는 그 시대의 생활상을 알아두어야 한다.

삼국·통일신라 시대의 경우 세기별 각 나라의 상황과 특정 왕의 업적을 알아두어야 한다. 예컨대 '백제가 한강을 차지한 것이 몇 세기인지?'와 같은 개념정리가 중요하다는 뜻이다. 왕들의 업적을 외울 때도 '백제 근초고왕의 업적은 이것이다.' 하는 식으로 단순하게 외우지 말고, 백제 근초고왕 시절에 고구려와 신라에는 어떤 왕이 있었고, 그 왕들의 업적은 또 무엇이 있는지 짝지어서 외워두어야 한다. 또한 삼국 시대부터 조선 말기까지는 중국과의 관계가 중요하므로 중국과 우리나라의 관계가 어떻게 변했는지도 살펴두어야 한다.

고려와 조선 시대의 경우 특별한 사건과 인물, 그리고 제도를 중요하게 봐야 한다. 일단 이 시대는 굵직한 사건 위주로 공부하는 것이 좋다. 서경천도운동, 무신정변, 몽고항쟁, 위화도회군, 임진왜란, 4대사화……. 이런 식으로 시대를 대표할 만한 사건의 배경과 결과를 알아두고 그 사건의 중심인물에 대해서 공부해 두어야 한다. 또한 이 시대는 각종 제도가 세련되게 정비된 시대이므로 각 정부기구들의 명칭과 기능을 확실히 암기해 두어야 한다.

근현대사에서 중요한 것은 '연도'다. 홍선대원군의 통치 시기부터 현대사까지 교재에 나오는 연도는 일단 암기해 두는 것이 좋다. 예컨대 일제강점기는 3단계로 나뉘는데, 합병부터 3·1운동까지를 1기, 3·1운동부터 만주사변까지를 2기, 만주사변부터 해방까지를 3기로 분류한다. 이 경우 특정 사건의 연도와 몇 기에 발생한 사건인지를 짝지어 이해하고 암기하면, '조선농촌진흥운동이 전개되던 시기의 일로 볼 수 없는 것은?' 같은 문제는 눈 감고도 풀 수 있다.

5. 윤리는 '키워드'가 핵심이다

윤리 과목은 '사상' 부분이 가장 중요하다. '사상'이란 삶을 어떻게 살아야 할 것인가에 대한 입장인데 이건 사람마다 생각이 다를 수밖에 없다. 그 견해의 차이가 바로 출제의 포인트다. 사상가마다 독특한 주장들을 정리해 두어야 한다.

예컨대 수능 윤리의 경우 대부분 출제 형태가 '다음을 주장한 사상가의 입장을 〈보기〉에서 고른 것은?', '다음을 주장한 서양 사상가의 입장과 일치하는 것은?'과 같은 식이다. 따라서 윤리 공부의 핵심은 제시되는 지문이 누구의 사상에 관한 글인지 파악하는 것이다.

6. 정치·경제는 제도의 '기능'을 숙지하자

정치와 경제 관련 과목에는 수많은 제도와 용어가 나온다. 그 용어의 뜻을 이해하는 것은 당연하고 그 '기능'까지 확실히 숙지해 두어야 높은 점수를 받을 수 있다.

예컨대 교재에 '대통령에게는 법률안 거부권이 있다'라는 개념 설명이 있다면 무작정 암기하기보다 이해부터 해야 한다. 원래 법률이 만들어지려면 국회의원의 절반 이상이 찬성해야 한다. 그런데 그 결과에 대해 대통령은 '거부'를 할 수 있다. 그게 법률안 거부권이다. 그 경우 이번에는 국회의원 2/3 이상 찬성해야 하고 그때는 대통령도 기부할 수 없다. 이런 내용을 이해하는 것이 첫 번째 단계다.

만약 꼭 1등급을 받고 싶다면? 그럼 여기서 한 단계 더 나아가야 한다. 예컨대 조금 전의 개념에서는 '법률안 거부권은 대통령이 의회를 견제하는 강력한 수단'이라는 사실까지 알아야 한다. 원래 민주국가에서 권력은 쪼개져서 서로 견제하도록 만들어졌다. 그 이유는 권력의 부패를 방지하고 국민의 자유를 보장하기 위한 것이다. 따라서 '법률안 거부권'이라는 하나의 제도를 보면서도 '아하! 이 모든 것이 국민의 자유를 보장하려는 국가의 조직원리구나'라고 깨닫는다면 사회 공부가 재미있어질 수밖에 없다.

이런 공부 방식은 경제 분야에도 적용할 수 있다. 예를 들면 경제 과목에는 '지급준비율'이라는 용어가 나온다. 원래 은행은 돈을 맡긴

고객이 언제라도 다시 찾아갈 수 있도록, 창고에 항상 얼마간의 돈을 넣어두어야 할 의무가 있다. 그 비율을 지급준비율이라고 한다. 고득점을 얻으려면 그 의미만 알고 있는 것으로는 부족하다. '기능'까지 알고 있어야 한다.

만약 정부가 지급준비율을 5%에서 10%로 높이면 어떻게 될까? 그럼 은행으로서는 예전에는 5만 원만 창고에 넣어두면 됐는데 이제는 10만 원을 넣어두어야 한다. 그렇다면 은행은 누군가에 돈을 빌려주고 싶어도 빌려줄 돈이 부족해질 것이고 이자율도 높아진다. 만약 우리 아버지가 장사하느라 은행에서 돈을 빌렸다면 매달 갚아야 할 이자가 늘어나서 내 용돈은 줄어들 것이다. 요컨대 정부가 지급준비율을 어떻게 조정하는지에 따라서 내 용돈까지 영향을 받는셈이다. 이렇듯 항상 제도의 '기능'을 염두에 두고 공부한다면 정치·경제 관련 과목은 당신의 전략과목이 될 것이다.

7. 지리는 지도와 그래프가 생명이다

한국지리나 세계지리 등 지리 관련 과목을 공부할 때는 '지도와 그래프'를 가장 중요하게 보아야 한다. 교재를 보면 많은 지도가 나온다. 각 지도를 보면 '최한월기온' 등의 '제목'이 있는데, 이 제목과 지도를 연결 지어 암기해야 한다. 그래서 나중에는 지도만 봐도 제목이 떠오르고, 제목만 봐도 지도가 떠오를 수 있도록 숙지하는 것이 중요하다. 또한 교재에 나오는 통계나 그래프는 구체적인 수치보다는 자료가 말하고자 하는 근본 원리를 제대로 파악해야 한다. 예를 들어 교과서에 다음과 같은 그래프가 있다고 하자.

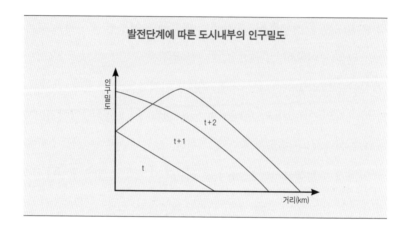

그래프는 왜 3개이고, t는 또 무엇일까? 어떤 그래프든지 일단은 제목부터 봐야 한다. 제목만 봐도 그래프가 말하려는 것을 짐작할 수 있기 때문이다. 교재를 살펴보니 이 그래프의 제목은 '발전단계에 따른 도시내부의 인구밀도'라고 되어 있다.

t그래프는 도시가 생기기 시작할 때다. 이때는 도심에 관공서나 상가가 위치하게 되고 사람들은 도심을 중심으로 모여 살기 시작한다.

t+1그래프는 도시가 점점 커지는 단계다. 도심의 인구수는 더 늘어

나고, 도시의 규모가 커지면서 예전에는 공터였던 도시 외곽에도 이제는 사람들이 살기 시작한다. 하지만 관공서라든가 각종 편의시설이 여전히 도심에 위치하기 때문에 도심의 인구밀도가 제일 높은 것은 변함이 없다.

t+2그래프는 도시가 많이 성장한 단계다. 도심의 땅값이 너무 높아졌기 때문에 사람들은 집값이 싼 외곽 동네로 이사를 가기 시작한다. 땅값이 비싸더라도 그 비용을 감당할 수 있는 관공서나 대형쇼핑센터, 은행과 기업은 도심에 여전히 남는다. 전체적으로 보면 도심보다는 그 주위의 부도심이나 외곽의 인구밀도가 더 높아지는 '역전현상'이 뚜렷하게 나타난다.

이제 그래프를 쉽게 표현하자면 '처음에는 도심에 살았지만 도시가 성장하면서 땅값이 올라 점점 외곽으로 밀려나는 사람들'쯤이 되겠다. 여기까지 이해했다면 이제 그래프를 볼 때마다 '관련된 장면'까지 떠오른다. 나는 이 그래프를 볼 때마다 용달차에 짐을 싣고 정든 동네를 떠나는 서민 가족을 떠올렸는데 덕분에 종종 가슴이 울컥해지기도 했다. 시험에서 이 그래프가 나오면? 이제 머리가 아닌 가슴이 풀게 된다. 틀릴 리가 있겠는가?

평소에 지리를 공부할 때, 그래프가 말하고자 하는 핵심 의미를 정리해 두라. 그리고 관련된 장면을 떠올려보라. 공부가 재미있어지고, 시험문제도 정확하게 풀 수 있게 될 것이다.

실력별로 달라지는
사회 공부법

하위권

하위권은 짧은 단원씩 끊어서 공부하는 것이 좋다. 예를 들어 한국사 공부를 한다고 치자. 다음은 한국사 교과서의 목차 일부다.

    1. 고조선과 청동기 문화
        (1) 청동기의 보급
        (2) 철기의 사용
        (3) 청동기·철기 시대의 생활

하위권 학생들의 경우 제일 작은 단원인 '청동기의 보급'만을 공부한 후 관련 문제를 바로 푼다. 이렇게 하는 이유는 머릿속에 아직 정보가 남아 있을 때 문제 풀이를 통해 바로 반복해서 확실히 기억에 남기기 위해서다. 그렇게 하지 않고 큰 단원인 '고조선과 청동기 문화'을 모두 읽고 암기한 후에 문제를 풀겠다고 달려들면 비가 쏟아지는 문제집을 보면서 좌절하게 될 수도 있다.

또한 흥미를 유지하기 위해서도 이렇게 하는 것이 좋다. 큰 단원을 모두 읽고 암기하려면 시간이 오래 걸린다. 사회 교재가 로맨스 소설도 아닌데, 몇 시간 동안 앉아서 꾸역꾸역 외우는 것도 고역일 것이다. 하위권 학생들의 경우 문제를 풀어보기도 전에 지쳐버릴 수도 있다. 그러니 제일 작은 단원만 짧게 읽고 문제를 곧바로 푸는 식으로 공부하면 맞히는 문제도 많아져서 재미도 생기고, 반복학습의 효과도 누릴 수 있다.

중위권

중위권 학생들은 위의 방법이 오히려 비효율적일 수 있다. 왜냐면 중위권은 기본적인 개념은 이미 알고 있으므로, 지금부터는 교재의 '큰 흐름'을 읽는 공부를 해야 하기 때문이다. 짧게 읽고 바로 문제를 푸는 방식으로는 개념의 큰 흐름을 잡기가 힘들다.

중위권은 교과서나 기본서의 내용을 '한 번에 최대한 많이' 읽어나가는 것이 좋다. 예컨대 삼국시대에 관한 수십 페이지의 내용을 모두 읽고서야 비로소 자리에서 일어나는 것이다. 혹은 시대별 '정치제도'라는 하나의 주제를 잡고, 고조선부터 일제강점기까지 그 주제에 관해서만 골라 읽어도 좋다.

이렇게 '통으로 읽는 방식'으로 공부하면 머릿속이 바둑판처럼 체계적으로 바뀐다. 사회 과목의 개념들이 큰 흐름으로 정리되고, 그것은 당신의 사회 성적을 단기간에 상위권으로 만들어줄 것이다.

상위권

사회 과목에서 상위권의 경쟁은 세부적인 개념을 하나라도 놓치지 않아야 하는 싸움이다. 그런데 공부하는 학생으로서는 도대체 어디까지 외워야 하는지 의문이 들 수밖에 없다. 예컨대, 한국사 교재를 보면 구석기 유적지가 발견된 장소들에 관한 지도가 있다. 그 경우 유적지의 위치와 지역의 명칭까지 모두 외워야 할까? 또한 고구려 왕들이 모두 몇 명인지, 원효대사가 언제 죽었는지도 외워야 할까? 내신에서 100점을 받고 수능에서 1등급을 받으려면 그런 것까지 외워야 할까? 당연히 아니다.

어디까지 공부해야 할지 가늠하는 기준은 결국은 '기출문제'다. 사회 과목의 경우 기본서로 개념을 공부할 때도 기출문제는 옆에 함께 펼쳐놓아야 한다. 단원별로 편집된 기출문제 교재를 보며 '아하 이 단원에서는 이런 식으로 문제가 나오는구나!' 하면서 스스로 출제도 해본다. '만약 이 단원에서 어렵게 문제를 낸다면 나라면 이렇게 낼 것 같다'라는 생각이 들면 관련 개념을 확실히 정리해 둔다. 이런 방식으로 꾸준히 공부하면 사회 과목은 쉽게 만점을 받을 수 있다.

과학, 문제 응용력을
높여라

    과학은 어떻게 접근하는 것이 좋을까? 과학은 '교과서' 만으로 공부하기에는 사실 무리가 있다. 예컨대 실험만 하더라도 교과서에는 '이렇게 실험한다!'는 설명만 나올 뿐 실험 장치 각각의 기능이라든가 실험할 때의 주의 사항 등에 대한 자세한 설명은 부족하다. 그런데 내신시험이든 수능시험이든 과학 과목에서는 이런 것들이 중요하게 다뤄진다. 따라서 과학 공부에서는 교과서를 보완하는 참고서, 즉 기본서의 역할이 매우 중요하다. 고등학생의 경우 시중 사설 기본서도 좋지만 『EBS 수능특강』이 훌륭한 기본서가 될 수 있다.

    다만 기본서를 볼 때는 아무 생각 없이 쭉쭉 읽기만 해서는 곤란하다. 다른 과목도 그렇겠지만 특히 과학 공부는 '왜?'라는 물음이 중요하다. 원리를 이해하는 것이 과학 공부의 출발점이기 때문이다. 그 페이지에서 더는 질문이 생기지 않을 때까지 완벽히 이해하고 넘어가자. 물론 천천히 넘어가는 페이지에 답답하겠지만 이렇게 공부하면 성적은 가장 빨리 오를 것이다.

1. 인터넷 강의를 적극적으로 활용하자

사회는 '암기'가 가장 중요하지만 과학은 '이해'가 가장 중요한 과목이다. 그리고 이건 어떤 선생님에게 배우느냐에 따라 성취도가 달라질 수 있다. 만약 학교 선생님이 이해하기 어려운 개념을 간단하게 설명해 버리고 넘어간다면 내 과학 성적도 곤두박질치게 될 것이다. 그러니 학교 수업만으로는 과학의 어려운 개념을 이해하기 어렵다면 인터넷 강의라도 적극적으로 활용해야 한다.

"학교 수업에 충실하라면서요?"라고 반문할 수 있다. 내 말을 오해하지 말기를 바란다. 학교 수업에 충실해야 한다는 말이 학교 선생님 이외의 사람에게는 절대로 배우지 말라는 뜻은 아니다. 반대로 인터넷 강의를 활용하라는 말이 학교 수업 시간에는 졸아도 된다는 뜻도 아니다.

다만 인터넷 강의는 이해의 방향을 알려줄 뿐이지 그것 자체는 공부가 아니라는 점을 명심해야 한다. 테니스 잘 치는 법을 배운 후에는 실제로 운동장에서 땀을 흘리며 연습해야 실력이 느는 것처럼, 인터넷 강의도 들은 후에는 반드시 혼자 문제를 풀어봐야 실력이 는다는 점을 잊지 말아야 한다.

2. 과학은 실력별로 문제 풀이 방법이 다르다

과학이 어렵다고 푸념하는 학생 대부분은 "개념은 알지만 문제가 안 풀린다"라고 말한다. 원인은 두 가지다. 사실은 개념을 정확히 모르거나 문제를 많이 안 풀어본 것이다. 대부분은 두 번째 부류로 문제 풀이의 양이 부족한 경우다.

사회 과목에서는 기본서를 통해 관련 개념을 정확히 이해하고 암기했다면, 심지어 문제집을 전혀 풀지 않아도 100점을 받을 수 있다 (그러나 실제로 문제집을 풀지 않으면 내가 정확히 모른다는 사실도 모르게 되므로 현실적으로 풀기는 해야 한다). 그러나 과학은 그렇지가 않다. 개념을 완벽하게 이해·암기했더라도 50점밖에 나오지 않는다. 그럼 나머지 50점은 어떻게 올리는가? 바로 문제집을 풀면서 올리는 것이다. 한 권의 문제집을 추가로 풀 때마다 대략 10~15점씩 오른다고 보면 된다. 따라서 과학 과목은 내가 다 풀어낸 과학 문제집의 수가 곧 나의 과학 점수가 된다고 생각해야 한다. 그렇다면 문제집은 어떻게 풀어야 할까? 실력에 따라 나눠서 소개하겠다.

일단 하위권은 과학에 흥미를 잃어버리면 아예 과학 공부에서 손을 떼는 경우가 많다. 그러니 이들은 정답을 미리 문제집에 표시하고 푸는 것이 좋다. 정답을 미리 표시해 두고 풀면 문제를 맞혀야 한다는 압박감이 사라진다. 왜 이것이 정답이 되는지만 고민하면 되니까 과학에 흥미를 잃어버릴 확률도 줄어든다.

그 대신 해설을 꼼꼼히 읽어야 한다. 그래야 기본 개념의 뼈대를 세울 수 있다. 만약 해설을 읽어도 모르겠다면 기본서를 펼쳐 해당 부분을 꼼꼼히 읽어보라. 그래도 모르겠다면 친구들이나 선생님에게 들고 가서 물어보라. 그들의 설명을 대충 들으면 안 된다. 더는 의문이 남지 않을 정도로 완벽하게 이해해야만 과학 실력이 는다.

한편 중위권은 문제집을 '통으로' 빠르게 푸는 것이 좋다. 예컨대 이번 주말 동안 중간고사 범위 전체를 싹 풀어버리는 식이다. 이 조언을 들으며 "어라? 이 책 1장에서는 저녁 자습 시간에 그날 진도에 대한 문제를 풀며 복습하라 그러지 않았나요?"라고 반문할 수도 있다.

그렇다. 이것은 일종의 편법이다. 사실 저녁 자습 시간은 그날 수업을 복습하는 게 원칙이다. 그러나 중위권의 경우 공부 속도가 그리 빠르지 않다. 따라서 영어와 수학 복습을 하다 보면 과학 공부까지 그날 하기에 현실적으로 힘든 경우가 많다. 그렇다면 과학 과목은 차라리 주말에 몰아서 한꺼번에 보는 것도 좋은 방법이다.

주말을 투자해서 과학 문제집 한 권(혹은 시험 범위까지)을 전부 풀어보라. 과학은 한번 자신감을 잃으면 공부를 아예 안 하게 되는 특성이 있다. 그러나 문제집 한 권을 짧은 기간 동안 싹 풀어놓으면 자신감이 생기므로 그럴 위험이 없어진다. 게다가 한 번이라도 미리 끝내놓으면 시험 기간에 조금만 공부해도 다시 감각을 찾을 수 있다.

이렇게 하면 사회 공부법에서 이야기한 것과 동일한 장점도 있다. 짧은 시간에 '통으로' 공부하니 개념의 큰 흐름이 머릿속에 잘 그려진다는 점이다.

마지막으로 상위권은 '자신이 모르는 부분만 골라' 푸는 것이 좋다. 예를 들어 내가 '반응성 실험'에 관한 부분을 자주 틀린다고 하자. 이런 경우 상위권 학생들은 여러 권의 문제집을 처음부터 끝까지 다 푸는 것은 비효율적이다. 대신 문제집 서너 권을 사서 반응성 실험 부분만 골라 풀어보자. 이렇게 자신의 약점 위주로 공부하는 것이 상위권 학생들에게는 가장 효율적인 방법이다.

3. 물리는 개념을 먼저 잡아라

물리에서 공식은 당연히 암기해야 하지만, 무작정 암기하면 안 된다. 그 공식 안에 담긴 개념을 항상 의식해야 한다. 물리에서 공식과 개념은 같은 말이다.

예를 들어보자. 속도와 관련된 공식 중에 이런 게 있다. (V는 나중속도, V_0는 처음속도, a는 가속도, t는 시간)

$$V = V_0 + at$$

이 공식을 그대로 외우려고 하면 공부가 힘들어진다. 물리의 출발은 공식이 아니라 '개념'이다. 가속도의 개념은 무엇인가? 일정 시간 동안 속도가 변하는 정도다. 예를 들어 2초 동안 속도가 10m/s 증가했다면, '1초 동안 속도가 변한 양'은 5m/s²이고, 이게 바로 가속도다. 이런 가속도의 '개념'을 공식으로 표현하자면 다음처럼 될 것이다.

$$a = \frac{V - V_0}{t}$$

결국 제일 위의 공식은 이걸 변형한 것에 불과하다. 양변에 t를 곱하고, V_0를 반대쪽으로 옮긴 것이다. 공식은 가속도에 관한 개념을 그저 요약한 것일 뿐이다.

한편 개념은 공식으로도 나타나지만 '단위'로도 나타난다. 예를 들어 시간당 거리가 변하는 양이 속도인데, 속도의 단위는 m/s다. m은 거리(미터)이고, s는 시간(초)이다. 이 단위를 보면서 속도의 개념을 음미해야 한다. 물리에서는 힘이나 충격량, 운동량, 진동수와 주기 등 모든 개념이 단위로 표현된다. 그러니 '충격량이 무엇이냐?'라고 누가 묻는다면 그냥 단위를 말하면 된다. 꼭 기억하자. 물리는 단위가 곧 개념이고, 개념이 곧 공식이다.

4. 화학의 끝은 실험이다

화학은 외울 것이 많다고들 한다. 맞는 말이다. '주기율표'부터 시작해서 '금속의 이온화 경향 순서', '탄소화합물의 분자식과 구조', '각종 이온식과 반응식' 등 외울 것이 너무 많다. 그러나 어쩔 수 없다. 원래 화학 공부의 시작이 암기다. 외울 건 확실히 외워줘야 나중이 편하다. 앞글자를 따서 외우든지, 수첩에 적어가지고 다니면서 외우든지, 친구와 서로 시험을 치른다든지 해서 암기를 확실히 해놓아야 한다.

그러나 암기를 다 했다고 화학 공부를 끝냈다고 생각하면 오산이다. 수능 기출문제를 한번 뒤적여보라. 문제의 절반 이상이 '실험'의 내용을 직접적으로 묻고 있다. 실험을 직접 제시하는 것뿐 아니라 실험 결과로 도출된 자료를 해석하는 문제, 실험을 통해 알고자 하는 반응식에 대한 문제, 실험을 간단화한 모형에 대한 문제까지 포함한다면 실험에 관련된 문제의 비율은 무려 80%를 넘어선다. 즉, 화학 공부의 끝은 바로 실험이다.

교과서에 실린 실험은 당연히 완벽하게 숙지하고 있어야 한다. 교과서만 읽으라는 말이 아니라 교과서에 실린 실험을 다룬 '기본서'를 정독해야 한다. 그다음에는 여러 문제집을 펼쳐놓고 그 실험과 관련된 문제를 골라서 풀어본다. 부지런한 학생이라면 노트를 마련해서 각 실험별로 요약정리를 하는 것도 좋은 방법이다.

실험을 공부할 때는 반드시 스스로 여러 가지 질문을 던져보아야 한다. 만약 두 수용액을 혼합하여 앙금이 생성되는 실험이라면, '반응에 참가하는 이온은 뭐고 참가하지 않는 이온은 뭐지?', '이온들의 전하량도 같을까?', '생성되는 앙금의 이온수는 어떻게 될까?' 등과 같이 계속 질문하는 태도로 실험을 공부하자. 자신이 던졌던 질문이 나중에 시험에서 그대로 출제되는 것을 보고 깜짝 놀라게 될지도 모른다. 화학은 암기를 열심히 하면 성적이 오르기 시작하고, 실험을 완벽하게 숙지하면 반드시 고득점을 할 수 있는 과목이다.

5. 생물·지구과학을 체계적으로 공부하는 법

생물과 지구과학은 암기한 양이 절대적으로 실력을 결정한다. 다만 이 두 과목의 암기는 사회 과목의 암기와는 성격이 조금 다르다. 사회에서는 단순 암기해야 할 내용이 많았다면 이 과목들은 체계적인 암기를 해야 할 내용이 많다.

생물 과목의 내용을 암기할 때는 도식화해서 암기하는 것이 좋다. '난소가 배출하는 호르몬은 에스트로겐이다.' 이렇게 단순하게 외우지 말고, 에스트로겐과 프로게스테론의 상관관계를 알아야 한다. 만약 프로게스테론이 계속 분비된다면 황체형성호르몬과 여포자극호르몬은 증가하는지 감소하는지 그 메커니즘을 알아야 한다. 이때 손으로 화살표를 그려가면서 이해하면 외우기도 편하다.

각종 신체 기관의 구조와 위치, 기능에 관한 내용도 아래처럼 '도식화해서' 암기해야 한다. 중뇌와 간뇌의 위치를 정확히 그리고, 그 기능을 친구에서 설명할 수 있을 정도가 되어야 한다. 항상성에 대한 부분도 마찬가지다. 체내수분이나 신체 온도가 변할 때, 우리 몸의 어떤 부분이 어떻게 바뀌는지 그림을 그려 체계적으로 정리한 후에 암기해야 한다.

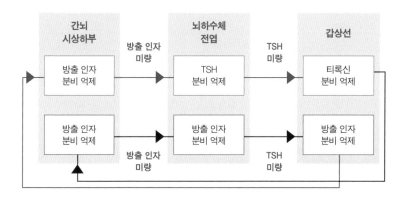

한편, 지구과학은 도표를 그려 암기하는 것이 좋다. 특히 암석에 관련된 부분이나 지질시대별 특징과 대표적인 화석, 대기권에 관련된 내용도 다음처럼 도표를 그려 암기하면 훨씬 쉬워진다.

지구과학에서 유일하게 '이해하기'조차 힘든 부분이 있다면 '천체의 운동' 단원일 것이다. 실제로는 지구가 태양 둘레를 움직이는데, 태양

		중성암	중성암	중성암	산성암
조직	성질 — SiO₂ 함량 많은 원소 / 색 / 밀도	52퍼센트 / Ca, Mg, Fe / 암색 / 3.2g/cm³	66퍼센트		52퍼센트 / Na, K, Si / 담색 / 2.7g/cm³
화산암	유리질 / 세립질	현무암	안산암		유문암
반심성암	반상조직	휘록암	섬록반암		석영반암
심성암	완정질 / 조립질	반려암	섬록암		화강암
조암광물	무색	Ca-사장석		석영 / 정장석 / Na-정장석	
	유색	감람석	휘석	각섬석	흑운모

이 지구를 돈다고 가정하고 천체의 운동을 설명하니 이해하기 어려울 수밖에 없다. 하지만 이 부분은 10년 전의 선배들도 어려워했던 부분이고, 10년 후의 후배들도 어려워할 부분이다. 나 혼자만 어려운 것이 아니니 자신감으로 공부하자.

이해가 안 되는 부분이 없을 때까지 기본서를 반복해서 읽고 문제집도 여러 권 풀어보자. 만약 학교 선생님의 설명만으로는 이해하기 어렵다면, 공부 잘하는 친구들에게 물어보거나 해당 단원만 골라서 인터넷 강의를 듣는 것도 좋다. 그렇게 한다면 이제 밤하늘의 까탈스러운 별들도 당신의 만점에 방해가 되지 않을 것이다.

실력별로 달라지는
과학 공부법

하위권

용어부터 정리해야 한다. 각 단원별로 중요 용어나 단위, 정의를 뽑아서 정리하는 것이 좋다. 그리고 가급적이면 글자 그대로 암기하자. 그러고 나면 과학 공부의 뼈대가 서게 된다.

예를 들어 중학교 3학년 과학에는 비열이라는 용어가 등장한다. '비열이 크다'라는 말은 그만큼 온도가 잘 변하지 않는 물질이라는 뜻이다. 그러나 비열의 의미를 모르고서는 왜 그런지 도통 이해할 수가 없다.

비열이란 '어떤 물질 1g의 온도를 1도 높이는 데 필요한 열량'이다. 하위권 학생들은 우선 이 용어의 뜻 자체를 '글자 그대로' 암기해야 한다. 용어의 의미를 확실히 암기해 놓아야, 비로소 깊은 이해가 시작되고 사고력도 생기기 때문이다.

"비열이 크다? → 온도를 높이는 데 필요한 열량이 크다. → 온도가 잘 변하지 않는다!"

이렇게 공부를 한 학생은 이제 라면을 끓일 때, 냄비는 뜨거워졌는데 왜 거기 담긴 물은 아직까지 미지근한지 알게 된다. 냄비(철)와 물의 비열이 서로 다르기 때문이라는 것을 깨닫는 순간이다. 이렇듯 하위권 학생들이 과학에 흥미를 붙이기 위해서는 먼저 용어부터 정리하고 암기할 필요가 있다.

중위권

개념은 잡혀 있지만 응용이 어려운 단계다. 그런 중위권 학생들이 먼저 해야 할 것은 '개념이 문제화되는 과정'을 이해하는 것이다. 가장 좋은 방법은 역시나 기출문제다. 개념에 대한 문제가 빠지지 않고 출제되기 때문이다. 추천하는 문제 풀이법은 '많이 풀기'보다는 '같은 문제를 여러 번 반복해서' 푸는 방식이다. 그러면 개념이 어떻게 문제화되는지 확실히 이해할 수 있고, 공식이 응용되는 원리도 머릿속에 각인시킬 수 있다.

그런 후에는 이제 다양한 문제를 많이 풀어서 실전 적응력을 높여야 한다. 과학 과목의 특성상 문제를 많이 풀어보는 게 다른 어떤 과목보다 중요하다고 이미 말했다. 달라지는 실험이나 상황에 따라 무한대의 다양한 문제를 낼 수 있기에, 학생들로서는 생전 처음 보는 상황을 문제에서 접하게 될 수도 있다. 그러나 두려워할 필요는 없다. 결국은 내가 이미 배웠던 그 개념을 묻고자 한다는 것을 명심하고 자신감을 가질 필요가 있다. 곰곰이 생각하면 어차피 내가 알고 있는 그 지식을 묻는 것이다.

상위권

이들은 이미 많은 문제를 풀어온 학생들이다. 따라서 어려운 두세 문제를 제외하고는 거의 맞힐 수 있는 실력을 이미 갖추고 있다. 그러니 상위권 학생들의 목표는 가끔 틀리는 그 어려운 두세 문제를 맞혀내는 것이다.

그런데 자기 혼자만 공부해서는 그 1%를 채울 수 없다. 이제는 기본서를 봐도 이미 아는 것에만 자꾸 눈길이 가게 되기 때문이다. 어떻게 해결할까?

다시 수업으로 돌아가야 한다. 중위권 때는 개념을 확실히 알기 위해서 수업을 들었지만 상위권 때는 나에게 부족한 1%를 채우기 위해서 수업을 듣는 것이다. 수업을 듣지 않고서 나에게 부족한 부분을 채울 수는 없다. 이미 다 아는 내용을 설명하는 듯한 선생님의 한마디에 나에게 부족했던 1%가 숨어 있다는 사실을 명심하자.

또한 실수를 줄이기 위해 한 문제 한 문제 꼼꼼하게 읽는 습관도 중요하다. 과학의 경우 시간이 부족해서 못 푸는 경우는 별로 없다. 그 대신 실수로 틀리는 비율이 꽤나 높다. 따라서 최대한 천천히 그리고 정확하게 생각하면서 푸는 습관을 들이면 결국 과학도 만점을 받을 수 있다.

실전 수능,
100% 정복의 비밀

수능은 체계적인 준비가 핵심이다

고등학교 1학년에 처음 올라왔을 때는 수능 모의고사 점수가 형편없었다. 당시 내 점수는 400점 만점에 원점수로 230점 정도밖에 나오지 않았다. 선생님은 "열심히 하면 4년제 대학은 갈 수 있다"라는 말로 나를 위로했다.

그러나 내 목표는 4년제 대학이 아니라 '서울대'였다. 고등학교 2학년이 되었을 때 수능 모의고사 점수는 300점대로 올라섰고, 고3 때는 330~350점, 그리고 재수를 마무리하던 해의 실전 수능에서는 386점을 받았다. 국어와 수학은 만점을 받았고 당시 난이도가 극악이었던 영어와 탐구에서 실수로 두어 개씩 틀린 것이 전부였다.

내가 머리가 좋았기 때문일까? 아니면 남다른 끈기와 오기가 있었기 때문일까? 나는 둘 다 아니었다. 나도 남들처럼 공부 시간에 끊임없이 잡념과 싸우다 지쳐 책을 덮은 적이 많았고, 계획을 세운 지 며칠도 되지 않아 공부가 지겨워져서 방황한 적도 많았다. 그런데도 빠른 성장을 이룰 수 있었던 까닭은 내 실력에 맞게 체계적으로 공부했기 때문이다.

한편으로는 '시기별'로 공부법을 달리하는 것이 나에게는 별 도움이 안 되었다. 나는 고등학교 2학년 때부터 본격적으로 수능공부를 했는데, 공부법 책을 들여다보니 '중학교 시절에는 문학 작품을 많이 읽어라'라고 적혀 있었다. 맞는 말이긴 하지만 나는 중학교 때 책을 많이 읽지 않았다. 게다가 이미 고등학교 2학년이 되어버린 나로서는 전혀 도움이 안 되는 팁이었다.

고3이 되자 본격적으로 성적이 오르기 시작했다. 공부법 책을 다시 들여다보니 '고3 때는 지금까지 배운 것을 정리하는 데 힘써라'라고 적혀 있었다. 그러나 나는 남들보다 늦게 공부를 시작했기에 아직 개념 이해도 되지 않아 정리보다는 지식을 더 채워 넣는 공부를 해야 했다.

이처럼 사람의 실력은 개인마다 다르다. 고3이지만 수학의 기초부터 공부해야 하는 경우도 있고, 예비 고1이지만 수능 영어 기출을 풀어도 만점이 나오는 경우가 있다. 요컨대 수능 준비란 시기별로 달라지기보다는 '실력'에 따라 달라지는 것이라고 할 수 있다.

나는 단계별로, 그리고 실력별로 다른 공부법을 썼다. 그리고 그것이야말로 가파른 성적 향상의 주된 이유라고 생각한다. 어찌 보면 당연한 일이다. 수능은 워낙 범위가 넓어서 실력에 맞게 체계적으로 공부하지 않으면 안 된다. 기초가 없는 학생이 상위권의 공부법을 쓰면 쉽게 지치고 성적은 잘 오르지 않는다. 반대로 상위권이 중위권·하위권의 공부법을 쓰면 시간만 낭비하는 꼴이 된다.

따라서 제한된 기간 내에 점수를 최대한 올리기 위해서는 실력에 따라 단계별 공부법을 적절히 변경해 주는 지혜가 필요하다. 그리고 항상 자신의 실력과 상황을 주시하고 하루의 공부를 끝낸 뒤에는 내 공부에서 부족한 부분이 무엇인지, 그 부분을 채우려면 내일부터는 어떻게 공부를 해야 하는지 고민하는 태도가 필요하다.

참고로 말하면 이번 장에서 이야기할 수능 공부법은 앞부분에서 이야기한 과목별 공부법의 '추가사항'이라고 할 수 있다. 따라서 이번 장만 읽고 적용할 것이 아니라 4장의 과목별 공부법 조언들과 함께 적용해야 한다.

수능은 내신과 전혀 다른 시험이 아니다. 내신문제에서 물어보는 개념을 다른 방식으로 물어보는 것이 수능일 뿐이다. 그렇기에 내신이든 수능이든 공통적인 과목별 공부법이 있는 것이고 그것을 추려서 앞에서 이야기한 것이다. 이 장에서는 '수능'에 특히 중요한 사항들을 추가로 정리했다.

다음 페이지부터는 수능영역별 공부법이 단계별로 어떻게 달라지는지, 내가 어떤 단계를 거치면서 성적을 올렸는지 말할 것이다. 물론 개인마다 상황이 다르기에 내 조언을 무조건 따르기보다 자신의 상황에 맞게 조금씩 응용하는 것도 좋은 방법이 될 수 있다. 그러나 자신만의 공부법을 찾기에 앞서 내가 말하는 것들을 적어도 한 달은 실천해 볼 것을 권한다. 분명히 당신에게도 효과가 있을 것이라 믿기 때문이다.

01

수능 국어
100% 정복의 비밀

step 01
기출문제로 출제 방향과 수능 국어의 감을 익히자

일단 준비물이 필요한데, '수능 기출문제'와 '평가원 모의고사'다. 서점에서 구매해도 되겠지만 '한국교육과정평가원' 홈페이지에 들어가면 무료로 내려받을 수 있다. 평가원 모의고사는 매년 6월과 9월에 치러지는데, 수능을 출제하는 기관에서 만드는 것이라서 이걸로 그해 수능의 출제경향과 난이도를 짐작할 수 있다.

최근 10년간 1년에 3번씩(6월, 9월, 11월) 치러진 기출문제를 내려받으면 총 30회 분량이 된다. 따라서 하루에 1회씩 푼다면, 한 달 정도면 모두 풀 수 있다.

이 작업을 하기에 제일 좋은 시기는 '고2 겨울방학'이다. 기말고사가 끝난 직후라 내신에 대한 부담도 한동안 없을 시기다. 또한 고3 수업이 시작될 내년 3월부터는 대부분 학교에서 수업 교재로 『EBS 수능특강』을 선택하여 진도를 나가기 때문에 그때는 기출문제를 풀 시간이 잘 나지 않는다. 그러니 고2 겨울방학 때 수능 기출문제를 미리 풀어두면, 고3 때 한결 가벼운 마음으로 『EBS 수능특강』 같은 연계 교재에만 몰두할 수 있다.

이 단계의 핵심은 '정답을 미리 표시'하고 푼다는 것이다. 수능 국어의 기초가 없는 학생이 맨땅에 헤딩하듯 기출문제에 덤벼들면 당연히 어렵다. 게다가 30회는 절대 적은 분량이 아니다. 시작부터 어렵게 공부하면 오히려 수능 국어에 흥미를 잃어버릴 수도 있다.

그러나 정답이 미리 쓰여 있다면 문제를 아무리 많이 풀어도 스트레스를 받지 않는다. 부담 없이 편하게 공부를 시작할 수 있는 것이다. 정답을 미리 적어놓고 시작하니 정확히 말하면 문제를 '푸는 것'이라고는 할 수 없고, '아마도 이런 이유로 이게 정답이라는 거겠지?' 정도의 생각만 하며 빠르게 넘어가는 작업이라고 할 수 있을 것이다. 이렇게 공부하는 세 가지 이유는 다음과 같다.

① 기출문제를 빠르게 훑어봄으로써 최근 수능이 어떤 능력을 요

구하는지, 문제는 어떤 유형으로 나오는지 파악할 수 있다. 사설 출판사의 문제집은 수능의 출제 경향을 정확히 반영하기보다, 학생들의 실력을 높이기 위해 문제를 이리저리 꼬아서 출제하는 경우가 많다. 기출문제를 풀기 전에 그런 교재로 먼저 공부하면, 자신감을 잃어버리기 쉽고 출제 경향을 파악하기도 어려워진다. 그러나 기출문제로 수능 공부를 시작하면 그럴 일이 없다.

② 정답을 미리 표시해 놓고 풀면 진도가 빨라 공부가 재미있어진다. 당연한 얘기다. 페이지가 획획 넘어가야 공부가 재밌고, 많은 분량도 지겹지 않게 끝낼 수 있다. 속도감 있게 공부하면 흥미를 더욱 높일 수 있는 원리를 이용하는 것이다.

③ 30회의 기출문제를 매일 한 회씩 꾸준히 보면, 한 달이 끝나갈 때쯤에는 일종의 '감각'이 생긴다. 최근 수능에서는 어떤 것들을 주로 묻는지, 정답에 이르는 과정은 어떻게 되는지에 대한 감각이 길러진다. 이런 감각은 누군가 설명해 줄 수 있는 성질의 것이 아니다. 아무리 뛰어난 선생님도, 아무리 훌륭한 공부법 책도 설명해 줄 수도 없고, 결국 스스로 많은 문제를 한 번에, 또 빠르게 볼 때 비로소 터득할 수 있는 일종의 깨달음이다.

한 달만 이렇게 공부해 보라. 분명히 수능 국어가 더는 두렵지 않게 되고 수능에 자신감이 생기기 시작할 것이다.

step 02
EBS 교재는 반드시 학교 진도보다 빠르게 끝내자

기출문제와 평가원 모의고사를 통해서 수능 국어의 감각을 충분히 익혔다면, 이제부터는 수능 국어 실력을 제대로 올릴 차례다. 일단 교재를 골라야 하는데 여기엔 선택의 여지가 없다. 당연히 수능 연계 교재인 『EBS 수능특강』과 『EBS 수능완성』이다. 『EBS 수능특강』은 보통 1~2월에 발간되고, 『EBS 수능완성』은 5~6월에 발간되는데, 둘 다 [EBSi] 사이트에서 무료로 내려받을 수 있다.

대부분 고등학교는 『EBS 수능특강』을 1학기 수업 교재로 쓰고, 『EBS 수능완성』을 2학기 수업 교재로 쓴다. 따라서 3월부터 『EBS 수능특강』 공부가 시작되는데, 이걸 공부하는 방법은 두 가지다. 첫째, 반드시 수업 전에 미리 풀어두기. 둘째, 정답을 표시하지 않고 맞았는지 틀렸는지만 표시하기. 이렇게 하는 이유는 다음과 같다.

일단 수업 전에 미리 문제를 풀어두어야 선생님이 어떻게 문제에 접근하는지 수업 시간에 교훈을 얻을 수 있다. 게다가 문제를 풀면서 떠오른 의문점을 해결하려는 자세로 수업을 들으니 수능 국어 실력이 더욱 향상된다.

다만 문제를 풀 때 정답 표시는 하지 않는다. 이 점이 아까 기출문제를 풀 때와 다르다. 왜 이렇게 할까? 누구나 그런 경험이 있을 것이다. 문제를 풀 때는 온갖 의문이 다 생긴다. 1번 보기가 정답일까? 2번 보기가 정답일까? 3번 보기에서 이 용어는 무슨 뜻일까? 4번 보기는 지문에 있던 내용 같은데 그것과 같은 의미일까 등등.

그런데 이런 모든 의문은 일단 정답을 알고 나면 신기하게 싹 사라져 버린다. 그저 '아싸, 맞혔으니 이제 됐다! 얼른 다음 문제로 넘어가자!'라는 생각밖에 들지 않는다. 이것은 고통을 싫어하는 습성을 가진 우리 대뇌가, 골치 아픈 의문들을 머릿속에서 자동으로 삭제했기 때문이다. 공부란 의문이 들고 그 의문을 해결하기 위해 고뇌하면서 실력이 성장하는 것이다. 그런데 의문점이 없어져 버리면 문제를 아무리 풀어도 이미 내게 있는 실력만 확인할 뿐 사고력이 향상되기 어렵다.

따라서 예습을 할 때 정답은 표시하지 말고 그저 맞았는지 틀렸는지만 표시해 두면, 수업을 들을 때 또다시 새로운 문제를 풀 듯 풀어볼 수 있다. 만약 틀린 표시가 되어 있다면, '어라? 이걸 내가 왜 틀렸지? 어려웠던 문제인가? 이번에는 조심해서 풀어봐야겠다'라는 적극적인 자세로 문제를 풀게 된다. 이러면 실력이 안 오를 수 없다.

그러니 고3 1학기에 학교에서 『EBS 수능특강』으로 진도를 나간다면 반드시 미리 예습하자. 최고로 좋은 것은 1학기가 시작되지 않은 1~2월에 『EBS 수능특강』 국어영역을 싹 풀어버리는 것이다. 그러나 사실 그때는 기출문제를 풀어야 할 시기라서 그렇게까지 선행을 나가기는 현실적으로 힘들다. 대신 학기 중 주말에 다음 주의 진도 부분을 싹 풀어둔다든가, 최소한 내일 진도 부분은 오늘 반드시 풀어둬야 한다. 그러지 않고 '아 귀찮아. 내일 수업 시간에 선생님이 설명할 때 같이 풀어보지, 뭐' 이런 태도로 살게 되면, 이내 수업보다 내 진도가 뒤처지게 된다. 한번 그런 악순환이 시작되면 그건 수능 때까지 극복하기 힘들다. 따라서 고3 1학기에는 반드시 『EBS 수능특강』을 미리 예습하고, 수업 시간에 선생님과 함께 한 번 더 푸는 식으로 공부하자. 그러면 남들의 두 배에 가까운 공부를 하는 셈이다.

한편 『EBS 수능완성』은 5~6월에 발간되는데, 그때는 학교에서 아직도 『EBS 수능특강』 진도를 나가는 중이다. 따라서 그때 『EBS 수능완성』을 풀 수는 없다. 그렇지만 어차피 나중에 볼 책이니 일단 구매해 두거나 내려받아 놓자. 『EBS 수능완성』을 풀기에 가장 좋은 시기는 여름방학이다. 늦어도 8월까지는 『EBS 수능완성』을 끝내놓는 것이 좋다. 정답은 표시하지 않고 맞았는지 틀렸는지만 표시하는 것도 동일하다. (2학기 수업 시간에 다시 풀어야 하니까) 이렇게 『EBS 수능완성』까지 여름방학에 끝내놓으면 이제 9, 10월 두 달 동안 실전 연습에만 집중할 수 있다.

step 03
실전 연습을 통해 나만의 교훈 도출하기

9월부터는 실전 연습이다. 이때 필요한 교재는 실전 수능과 동일한 문항 수로 구성된 교재다. 쉽게 말해 모의고사 모음집이다. EBS에서도 모의고사 7회분 정도의 FINAL 교재가 나오고, 사설 출판사에서도 이런 형태의 모의고사 모음집이 나온다. 물론 step 01 단계에서 풀었던 기출문제를 또다시 풀어보는 것도 좋다. 다만 그때 정답 표시를 다 해두었기 때문에, 지금은 정답 표시가 안 된 기출문제를 다시 내려받아 프린트해야 할 것이다.

이 단계 공부에서 중요한 것은 두 가지다. 첫째, 모의고사를 한 회 끝낼 때마다 '나만의 교훈'을 뽑아내야 한다. 수능 국어는 암기과목이 아니다. 지문을 정확히 독해하고 구조화하는 능력을 측정하는 시험이다. 이런 유형의 시험에 대비하기 위해서는 문제를 푼 뒤에도 '이번에는 점수가 좀 올랐네?' 하고 넘어갈 것이 아니라 반드시 일종의 '교훈'을 이끌어내야 한다.

예를 들어보자. 만약 이 책에다 내가 '여러분? 시 문학의 경우는 시어의 의미를 정확히 파악해야 합니다!'라고 써놓았다고 하자. 그러면 독자들이 어떻게 반응할까? 아마도 '뭐야? 당연한 말이잖아!' 하고 시큰둥하게 반응할 것이다. 그러나 여러분이 직접 수능 모의고사 10회를 다 푼 뒤에 '아하! 현대시에서 감점을 안 당하려면 시어의 의미를 반드시 제대로 파악해야겠구나!' 하는 생각이 들었다고 치자. 그렇다면 그건 전혀 다른 의미가 된다.

즉 수능 국어 교재나 공부법 책에 있는 '수능 국어는 이렇게 공부하세요!'라는 말이 아니라 내가 직접 모의고사를 풀면서 깨달은 교훈이 진짜 비법이다. 내가 정답이라고 생각한 게 오답일 때의 충격을 견뎌가면서, 해설과 씨름하며 왜 이게 정답일까 고통스러워하면서, 그렇게 도출해 낸 한마디 교훈, 그것이 바로 수능 국어 실력을 높여주는 진짜 열쇠다.

나 역시 실전 연습을 하면서 그랬다. 그저 오답이 오답인 이유와 정답이 정답인 이유를 이해하는 것에 그치지 않았다. '그렇다면 다음에는 내가 어떻게 지문을 읽어야 할까?'라는 의문을 가지고 문제유형별로 일종의 '원칙'을 끌어내려 애썼다.

'그렇구나! 다음부터 소설 작품을 독해할 때는 인물의 성격에 유념하면서 읽어야겠군', '그렇구나! 수필의 경우 필자가 인생에서 가장 중요하게 여기는 게 뭔지부터 파악해야겠네'라는 식으로 문제를 풀고 난 후에 '나만의 교훈'을 끌어내려 애썼다.

당연한 말이지만 문제집을 아무리 풀어도 실전 시험에서는 그와 똑같은 문제는 나오지 않는다. 중요한 것은 글을 독해하는 능력, 그 자체다. 이것은 많은 문제를 풀면서 나만의 원칙을 습득해야 향상되는 것이다. 그러려면 9월부터 실제 수능 날까지는 꾸준히 실전 연습을 하면서 틀리고, 고민하고, 교훈을 얻는 이 과정을 묵묵히 반복하는 수밖에 없다.

두 번째로 중요한 것은 '시간 연습'을 철저히 하는 것이다. 수능 국어는 생소한 지문이 많이 나오기 때문에 시간이 모자라는 경우가 많다. 이런 시험에 대비하기 위해 평소에는 정해진 시간보다 10분 정도 단축해서 문제를 푸는 연습을 권한다. 맞든 틀리든 시간 내에 푸는 것을 목표로 잡는 것이다. 이건 실력 자체를 높이는 공부가 아니라, 정해진 시간 안에 실력을 발휘하는 연습이라 생각하면 된다. 이 연습을 꾸준히 해주었느냐 안 해주었느냐에 따라 실전 수능에서 결과가 완전히 달라진다.

내가 재수를 하던 때, 우리 반에 한 친구가 있었다. 그 친구는 시간에 맞춰 푸는 게 아니라 자기가 다 풀 때까지 시간을 연장하는 식으로 공부했다. 문제집을 샀으니 다 풀기는 해야 하지 않겠냐는 논리였다. 반면에 나는 못 푼 문제가 있더라도 정해진 시간이 끝나면 볼펜을 내려놓고 무조건 채점에 들어갔다.

실전 수능 날, 그 친구와 나는 우연히 같은 교실에서 시험을 치르게 되었다. 1교시 수능 국어가 끝나는 종이 울리자 그 친구는 마킹도 덜 한 답안지를 감독 선생님에게 빼앗겼다. 그러나 나는 10분 전에 마킹을 이미 끝냈고 결과는 만점이었다. 그런데 그건 우연이 아니라 그렇게 되도록 내가 연습에 연습을 반복한 결과였다.

02

수능 수학
100% 정복의 비밀

step 01
저학년 교과서부터 빠르게 마스터하자

하위권은 어떤 교재를 봐야 할까? 수능과 연계된다는 EBS 교재부터 풀어야 할까? 내 생각에 수학 과목의 특성상 그해 수능에서 EBS 연계비율이 얼마가 되었든 학생 처지에서는 큰 의미가 없다. 수능 국어야 공부한 EBS 교재에서 봤던 지문이 실전 수능에 나오면 (물론 이때도 지문만 같을 뿐 물어보는 내용은 전혀 다르지만) 그래도 심리적인 안정감이 생기고, 이는 점수의 상승으로 이어진다. 그러나 수능 수학은 다르다. 설령 수능 수학 문제 대부분을 EBS에서 연계해서 출제해도 대부분의 학생은 실제로 그걸 느끼지 못할 것이다. 당연한 이치다. EBS 교재에서 역함수에 관해 풀어봤다고 한들 실전 수능에 나온 역함수 문제를 무조건 풀 수 있는 건 아니니까.

그렇더라도 EBS 교재를 보는 것이 사설 출판사 문제집을 푸는 것보다 낫다. 하지만 그것은 '남들 보는 책은 나도 다 봤다'라는 심리적 안정감을 준다는 것, 딱 그 정도의 의미만 있다.

그렇다면 수능 수학에서는 어떤 교재가 가장 중요할까? 수능 기출문제일까? 일단 이 책은 수준별로 나눠서 설명하고 있으니 하위권 학생들의 경우부터 시작하자.

수능 수학의 경우 하위권 학생들에게는 수능 기출문제를 푸는 게 큰 의미는 없다. 수능의 출제 경향이라는 것은 중상위권이 되었을 때나 어렴풋이 보이기 시작하는 것이다. 하위권 학생들은 기출문제든, EBS 교재든, 사설 출판사 문제집이든 어차피 대부분 문제를 못 풀기 때문에 출제 경향보다는 '기초'부터 쌓는 것이 중요하다.

공부를 물통에 비유해 보자. 물통에 물이 가득 차서 넘쳐흐를 때 성적이 오르는 것이라면, 가장 많은 물을 쏟아부어야 하는 과목이 바로 수학이다. 암기과목은 80%를 외우면 80점이 나오겠지만 수학은 1%만 모자라도 오답으로 처리되기 때문이다. 따라서 성적이 쉽게 오르지는 않지만 꾸준히 공부하면 결국에는 오른다는 믿음으로 시작해야 한다. 지금부터 소개할 방법을 잘 따르면 앞 문장에서 말한 '결국'이라는 시간을 좀 더 앞당길 수 있을 것이다.

하위권 학생들은 지금 자신이 몇 학년이든 중학교 1학년 교과서부터 시작하자. 자존심이 상한다고 생각하지 말고, 꼭 실천하기를 바란다. 수학은 기초가 생명이다. 중학교 1학년의 내용이 실전 수능 수학 4점짜리 문제의 기초가 되기 때문이다. 따라서 교과서 앞표지에는 '중학교 1학년 수학'이라고 쓰여 있겠지만 사실 정확한 제목은 '수능 수학의 기초'라고 해야 옳을 것이다.

그 교과서에 있는 공식과 유도 과정을 한 줄씩 음미하면서 꼼꼼히 읽어보기 바란다. 수학적인 논리력을 기를 수 있을 것이다. 또한 교과서의 예제와 유제 그리고 연습문제를 모두 풀어보기 바란다. 그게 수능 수학의 기초다.

교과서를 보는 이유는 설명이 가장 논리적이고 풍부하기 때문이다. 읽기만 해도 논리력이 길러진다. 또한 분량이 적고 문제가 평이해서 빨리 끝낼 수 있다. 마음만 먹으면 아무리 하위권이라도 며칠 안에 한 권을 끝낼 수 있을 것이다.

그렇게 중학교 1학년 교과서부터 지금 배우고 있는 수학 진도까지 모두 빠르게 훑어보았다면 기초는 어느 정도 잡힌 셈이다. 물론 중학교 교과서의 모든 부분이 수능에서 필요한 건 아니라서 도수분포표에 관한 단원, 각도를 계산하는 문제, 원통의 부피 어쩌고 하는 도형 단원은 풀지 않아도 상관없다. 하지만 그 외의 모든 부분은 꼼꼼히 훑어보고, 공식도 반드시 외워야 한다.

step 02
기본서를 반복한 후, 유형별 학습을 하자

교과서를 모두 보았다면 수능 수학의 중요한 공식과 증명과정은 대부분 머릿속에 들어 있을 것이다. 이제 필요한 것은 교과서가 아닌 기본서를 보는 것이다. 예컨대 『개념원리 수학』처럼 기본 설명이 풍부하고 그것을 바로 적용할 수 있는 문제가 달린 교재를 공부해야 한다. 교재마다 각각 장단점이 있고 개인마다 취향이 다를 수 있으므로, 서점에 가서 비교한 후 자신의 마음에 드는 것을 선택하면 된다. 어떤 것을 선택하든 큰 차이는 없다고 본다.

중요한 점은 어떤 기본서를 선택하든 반드시 '여러 번 반복해서 풀어야' 한다는 사실이다. '반복해서'라는 말의 뜻은 같은 문제를 하루에 여러 번 풀라는 게 아니다. 기본서를 끝까지 다 보고 난 후에 다른 문제집으로 넘어가지 말고 처음부터 다시 보라는 얘기다.

굳이 그럴 필요 있냐고 말하는 학생들이 가끔 있는데, 기본서의 반복은 절대 소홀히 해서는 안 된다. 처음에 한 번 풀고 나면 공부를 다한 것 같지만 다시 보면 내가 제대로 보지 않았다는 것을 깨닫게 될 것이다. 심지어는 엉뚱하게 이해하고 있거나 공식조차 잊은 경우도 많이 있다. 수학 실력은 이 책 저 책 뒤적여가면서 기르는 게 아니라 기본서 한 권을 여러 번 반복하면서 기르는 것이라는 사실을 명심해야 한다.

그럼 몇 번이나 반복해야 할까? 물론 많이 반복하면 좋겠지만 효율을 따져봤을 때 가장 적절한 반복 횟수는 3회라고 본다. 실제로 나도 『개념원리 수학』을 3회 반복해서 봤다. 횟수를 늘려갈 때마다 실력이 성장함을 느꼈고 성적도 한 단계씩 뛰어올랐다.

기본서를 볼 때 유의점이 있다. 많은 학생이 기본 개념이 설명된 부분은 그냥 눈으로 한 번 빠르게 훑어본 후 바로 문제 풀이로 들어가는데 바람직하지 못한 습관이다. 어차피 문제는 나중에 죽어라 풀게 될 것이다. 진도를 빨리 나가고 싶은 마음이야 이해하지만 실력을 높이기 위해서는 기본 개념을 차근차근 꼼꼼하게, 하나하나 정확하게 이해하고 넘어가야 한다.

나는 『개념원리 수학』의 설명 부분을 한 줄씩 꼼꼼하게 읽으면서 관련 내용을 완벽히 이해했다고 판단될 때 비로소 뒤의 문제를 풀었다. 문제를 풀다 막히면 곧바로 개념 설명 부분으로 돌아와서 그 내용을 반복해서 읽었다. 그렇게 공부하니 문제를 이해하고 푸는 속도가 빨라져 전체 공부 시간은 오히려 단축되었다.

참고로 문제를 다 풀고 점수를 매길 때는 ○, △, ☆ 표시를 해두는 것이 좋다. 내가 쉽게 맞힌 문제와 실수로 틀린 문제, 그리고 어려워서 손도 못 대거나 여러 번 반복해서 풀어도 계속 틀리는 문제를 구별해서 표시해 두는 것이다. 이렇게 표시를 해두면 다음에 반복할 때 효율적으로 공부할 수 있다. 동그라미 표시가 있는 문제는 편한 마음으로 풀 수 있고, 세모 표시가 있는 문제는 이번에는 실수하지 말자는 마음으로, 별표 표시가 있는 문제는 이번에는 꼭 맞혀보자는 마음으로 공부하게 된다.

기본서의 모든 문제를 다 풀어야 하는지에 관해서는 정답이 없다. 나는 각 단원의 뒷부분 문제까지도 빠짐없이 풀었는데, 실력이 부족한 상태라서 너무 고생했던 기억이 난다. 자신의 상황에 따라 뒷부분 문제의 일부만 푼다든가, 예제와 유제만 풀고 그냥 다음 단원으로 넘어간다든가 하는 식으로 융통성을 가지는 것도 좋다. 또한 기본서를 3회 반복하는 것이 시간 관계상 너무 힘들다면 2회만 반복하고 두 번째 풀 때는 세모와 별표 표시만 골라서 풀면 시간을 크게 절약할 수 있을 것이다. 대신 적어도 2회는 반복해서 풀어보기를 추천한다!

기본서 공부가 끝났다면 이제 해야 할 공부는 '유형별 학습'이다. 시중에 보면 『쎈 수학』이나 『개념원리 RPM』처럼 같은 유형의 문제들을 모아놓은 문제집이 있다. 일명 '노가다 문제집', '내신용 문제집'이라 불리는 이런 교재들을 풀고 나면 정형화된 유형에 관한 문제는 더 이상 두렵지 않게 된다.

같은 유형의 문제를 반복해서 풀면 계산력도 좋아지고, 나중에 비숫한 사고 과정을 요구하는 문제가 나오면 금방 해당 부분을 이용해서 응용할 수 있는 능력도 생긴다. 그러므로 기본서를 끝낸 후에는 반드시 이런 유형별 교재를 선택해서 풀어보라. 확실히 수학 실력이 한층 업그레이드됐다는 느낌이 들고 실제로 성적도 한 단계 뛰어오를 것이다.

step 03
모르는 문제 위주로 사고력을 높이기

유형별 학습을 끝냈다면 다음에 보아야 할 것이 수능 기출문제다. 즉 수능 수학은 기출문제를 가장 마지막에 공부한다. 『EBS 수능특강』과 『EBS 수능완성』은 어차피 학교 진도에 맞춰 풀게 될 교재다. 남들보다 앞서려면 이것 외에 뭔가 다른 공부를 더 해야 하는데 나는 수학에서는 수능 기출문제가 가장 좋은 교재라 생각한다.

물론 『EBS 수능특강』과 『EBS 수능완성』에도 좋은 문제가 많다. '이런 좋은 문제를 만들려면 얼마나 천재여야 하는 거지?'라는 생각이 드는 경우도 많았다. 그러나 가끔은 참신한 아이디어로 접근하는 문제보다는 그저 계산 과정을 복잡하게 만들어 난도만 올린 문제도 많았다. 그렇지만 수능 기출문제에는 그런 게 거의 없고 접근법만 잘 찾아내면 풀이 과정도 아주 깔끔하다. 그러니 최근 10년간 수능과 평가원 모의고사를 내려받아 하루에 1회씩 풀어보자.

시간 배분 연습도 병행하면 좋다. 수능 수학의 문항 수는 30개이고 주어진 시간은 답안지 마킹을 포함해 100분이다. 이 시간에 맞춰서 시험을 치르는 것도 좋지만 20분 정도 시간을 단축해서 푸는 연습을 꾸준히 하면 매우 도움이 된다.

심지어 나는 수능 수학 1회분을 60분 내로 모두 푸는 연습을 꾸준히 했다. 시간이 부족하니 처음에는 주관식을 모두 못 풀거나 4점짜리 문제 상당수를 놓치곤 했다. 그러나 꾸준히 연습하니 나중에는 60분 안에 모두 풀 수 있게 되었다.

이 시기의 나는 하루에 2시간 수학 공부를 했는데, '문제 풀이 60분 + 모르는 문제 고민 60분'으로 배정해서 공부했다. 예를 들어 30문제 중 틀린 문제가 5개라면, 그 5문제의 정답을 맞힐 때까지 계속 도전하는 시간으로 뒤의 1시간을 활용하는 것이다. 해설을 보지 않고 어떻게든 내가 풀어내려고 노력한 그 1시간이 내 실력을 키워준 진짜 공부 시간이었다.

만약 그 1시간 이내에 못 푼 문제가 있으면 수첩에 적어서 쉬는 시간에도 보고, 수업 시간에 선생님이 농담할 때도 생각해 보고, 집에 가는 버스 안에서도 생각해 보았다. 그렇게 끈질기게 매달리니 결국은 풀려버렸던 경험이 셀 수 없을 만큼 많았다.

수능 수학의 3단계 공부에서 중요한 점은 이렇게 모르는 문제를 가지고 오랫동안 고민하는 과정이 필요하다는 것이다. 수학은 특정 지식을 묻는 게 아니라 생전 처음 보는 문제의 풀이 과정을 얼마나 빠르게 생각해 낼 수 있느냐의 싸움이기 때문이다.

물론 기본서를 충분히 반복하고 유형별 학습까지 끝내놓았다면 대부분 문제는 풀 수 있을 것이다. 그러나 남들이 못 맞히는 서너 개의 문제를 맞히기 위해서는 사고력 자체가 한 단계 업그레이드되어야 한다. 그 방법은 해설을 암기하는 것이 아니라 별표 표시가 된 문제를 그저 이마에 피가 맺히도록 끝까지 궁리하는 것밖에 없다.

03

수능 영어
100% 정복의 비밀

step 01
기출문제를 이용해 수능 독해와 어휘의 기초를 다지자

아무리 수능 영어가 절대평가로 바뀌었다고 해도 여전히 입시에서 큰 영향력을 발휘하고 있다. 1등급(90점 이상)의 비율은 5~12%에서 왔다 갔다 하는데, 이는 난이도가 매년 널뛰기를 하고 있다는 뜻이다. 그러니 수능 때 뒤통수를 맞지 않으려면 어떤 난이도로 나와도 흔들리지 않는 실력을 평소에 만들어두어야 할 것이다. 수능 영어는 어떻게 준비하는 게 가장 좋을까? 실력별로 알아보자.

일단 하위권의 경우 준비물은 수능 국어와 마찬가지다. 최근 10년 간의 실전 수능과 평가원 모의고사다. 총 30회가 될 것이다. 하루에 1회씩 푸는 것도 동일하다.

하지만 기출문제를 푸는 목적이 수능 국어와 약간 다르다. 수능 국어의 경우 출제 경향과 문제유형, 그리고 정답에 이르는 논리 과정에 익숙해지기 위해 풀었다. 그러나 수능 영어의 경우 그것보다는 수능에 자주 나오는 '단어'를 공부하기 위해, 그리고 '독해력의 기초'를 쌓기 위해 푸는 것이다.

수능 영어 문제는 총 45문항인데 그중에서 듣기 17문항을 빼면, 28개의 독해·문법 문제가 남는다. 이것을 공부하는 요령은 다음과 같다.

① 문제를 풀기 전에 모르는 단어는 모두 동그라미를 쳐둔다. 풀기 전에 '미리' 표시하는 것이 포인트다. 미리 표시해 두지 않으면 골치 아픈 고민을 외면하는 습성이 있는 우리 대뇌가 그 단어를 아는 단어로 착각할 수 있다. 처음 봤을 때 뜻을 곧바로 떠올릴 수 없는 단어라면, 정직하게 동그라미를 쳐두도록 하자. 걱정할 필요는 없다. 하나하나 사전을 뒤적이며 찾지는 않을 테니 동그라미는 아무리 많아도 상관없다.

② 해석을 먼저 읽은 후 영어 지문을 읽는다. 하위권은 독해력이 부

족하니 영어 지문을 읽고 곧바로 해석하기 힘들다. 그래서 해석을 한 줄 읽고, 영어 지문으로 돌아와 해당 부분을 읽으면 뜻을 아는 상태에서 보는 것이라 쉽게 독해가 된다. 이런 방식으로 분량을 늘려나가면 영어 구문의 구조가 점차 익숙해진다.

③ 모르는 단어의 뜻은 해석을 참고해 적어둔다. 해석을 읽으면 아까 동그라미를 쳤던 단어의 뜻을 자연히 알게 된다. 하위권은 동그라미를 쳐둔 단어가 많을 것이므로 일일이 사전을 찾아가며 공부하면 시간이 오래 걸린다. 그래서 해석을 보고 그 뜻을 아는 방식으로 공부하면 많은 양을 빠르게 공부할 수 있다.

참고로 이때 신기한 경험을 하게 될 것이다. 해석을 읽다 보면 '뭐야? 이건 사실 내가 아는 단어인데 왜 아까 동그라미를 쳤지?' 싶다. 그게 조금 전에 말한 우리 대뇌의 습성이라는 것이다. 정답을 보면 이미 내가 알던 것 같지만 정답을 보기 전에 알아야 그게 진짜 아는 것이다. '아는 단어'와 '아는 것 같지만 사실은 모르는 단어'를 정확히 구별하기 위해 독해하기 전 모르는 단어에 '미리' 동그라미를 쳐두라는 것이다.

④ 위 과정을 모두 마친 뒤 이제는 영어 지문만 보고 해석해 본다. 이제 단어의 뜻도 알았고 영어 지문의 해석도 알게 되었다. 그러면 다

시 지문의 첫 문장으로 돌아와 '빠르고 리드미컬'하게 읽어본다. 입으로 소리를 내면 더욱 좋다. 이 과정을 반복하다 보면 영어의 문장구조가 점차 몸에 배게 된다.

⑤ 수능 국어와 달리 문제를 끝까지 풀고 나서 점수를 매겨본다. 수능 국어 step 01에서 기출문제를 공부할 때와 다른 점은 이번에는 '정답'을 미리 표시하지 않는다는 것이다. 물론 해석을 먼저 읽고 영어 지문을 나중에 읽는 꼼수를 써서 독해했지만 그래도 문제만큼은 스스로 풀어야 푸는 재미를 느낄 수 있다.

게다가 수능 영어에서 변별력 있는 몇 개 문항은 영어 실력이 아닌 국어적 논리력을 측정하는 경우가 많다. 글의 논지를 파악해서 순서대로 배열해야 한다든가, 빈칸에 들어갈 구문 찾기, 이어질 글로 적절한 문장 찾기 등의 유형이 그렇다. 이런 문제는 한국어로 번역된 것을 펼쳐놓고 풀어도 틀리는 경우가 많다. 그러니 수능 영어 기출문제를 풀 때는 해석됐다고 끝난 게 아니므로 채점하며 정답까지 표시하고 난 후에 왜 틀렸는지도 분석해야 한다.

⑥ 맞힌 문제에는 동그라미를 친다. 자신감을 위해서다. 설령 해석을 보고 풀었더라도 문제는 스스로 풀었으니 이건 내가 맞힌 문제다. 그러므로 동그라미를 친다. 이건 미래의 내 모습을 미리 보는 것과 같

다. 어차피 몇 달 뒤에는 해석을 보지 않고 풀어도 맞힐 수 있게 될 테니 동그라미를 칠 때 군이 양심의 가책은 느끼지 않아도 된다.

이렇게 매일 1회씩, 30회를 풀어보라. 아마 한 달이 다 되기도 전에 독해 실력이 늘었음을 스스로 느낄 것이다. 한편 동그라미를 쳐둔 단어들은 자투리 시간에 틈틈이 외워두라. 수능에 실제로 나왔던 단어라서, 외우는 족족 점수에 바로 반영된다.

step 02
듣기를 마스터하고 유형별 독해 전략을 익히자

이제 듣기 공부를 시작할 때다. 수능의 듣기문제는 모두 17문제인데 중요한 것은 집중력이다. 비록 수능듣기가 말의 속도도 느리고 난도도 낮지만 그래도 딴생각에 빠지거나 지나가 버린 앞 문제에 집착하면 뒤 문제까지 놓치기 쉽다. 그러니 17문제를 푸는 20분 동안에는 매 순간 집중하는 것이 우선 목표다. 가장 좋은 방법은 기출문제를 매일 3회씩 반복하는 것이다.

처음에 들을 때는 실제 시험을 치르는 마음으로 풀어보고, 두 번째 볼 때는 번역본을 보면서 들어본다. 세 번째는 다시 문제만 보면서 듣는다. 그러면 딱 1시간(20분×3회)에 끝나게 된다. 이렇게 하루에 같은 내용을 3회씩 연습하면 3개월 뒤부터는 확실히 성적이 오르기 시작한다.

단어는 단어집을 사서 외우는 것도 좋지만 독해하면서 나오는 단어를 그때그때 외우는 것이 더 좋다. 독해 문제를 풀면서 나오는 단어를 외우면 그 단어가 어떤 문장에서 쓰였는지 알기 때문에 그 뉘앙스까지 익힐 수 있고 기억에도 오래 남는다.

하루 동안 공부한 독해 지문에서 나온, 모르는 단어는 반드시 나만의 단어 수첩에 옮겨 적어서 자투리 시간을 이용해 끝내두자. 다른 공부도 마찬가지지만 특히 수능 영어는 더더욱 자투리 시간을 활용하는 습관이 중요하다.

한편 듣기와 단어 공부도 물론 중요하지만 역시 점수를 올리기 위해 가장 중요한 것은 독해다. 독해는 요령 있게 공부해야 많은 양의 영어 지문을 공부해도 지치지 않고 재미있게 공부할 수 있다. 독해에 관한 중요한 원칙은 다음과 같다.

① 자신의 실력에 맞는 독해 교재를 선택해야 한다. 실력보다 어려운 독해 교재를 보게 되면 수능 영어 점수를 올리기는커녕 독해에 대한 자신감만 잃게 된다. 적절한 수준의 독해 교재는 지문에서 70~80% 정도가 자신이 아는 단어로 구성된 것이다. 그러면 한 문장에서 모르는 단어가 한두 개 정도 되는데, 이 정도 수준의 독해 교재가 실력을 높이기에 가장 적절하다.

대부분 학교에서 『EBS 수능특강』과 『EBS 수능완성』을 고3 수업 교재로 쓰므로 이 두 교재는 당연히 공부하게 될 것이다. 그러나 수능 수학과 수능 영어는 EBS 교재의 수능연계에 대해 신경 쓸 필요가 없다. 수학의 경우 어차피 연계가 되도 느끼지 못할 테고, 영어의 경우 2022학년도 수능부터 간접 연계 50%로 제도가 바뀌었기 때문이다. 그러니 수능 영어는 꼭 EBS 교재에 집착할 필요 없이 자기 마음에 드는 사설 출판사의 교재로 공부해도 무방하다.

참고로 예전에는 직접 연계 비율이 70%였는데, 이때는 EBS 교재의 지문이 그대로 수능에 출제됐다. 그래서 이 시절에는 하위권 학생들이 영어 지문은 공부하지 않고 답안지의 한글 해석만 암기해서 고득점을 받기도 했고, 심지어 일부 유명 학원 강사조차 한글 해석 지문으로 수업하는 지경에 이르렀다. 결국 2022학년도부터 한국교육과정평가원은 수능 영어에서 EBS 연계정책을 사실상 폐지하게 되었다. 따라서 지금의 수능 영어에서는 EBS 교재를 달달 외우는 방식이 실전에서 아무 도움이 안 되며 영어 독해 실력 그 자체가 중요해졌다.

② 대충 넘어갈 줄 알아야 한다. 일부 학생은 독해하다가 해석이 안 되는 부분이 나오면 끙끙 앓으면서 계속 매달리곤 한다. 그러나 정답을 맞히기 위해 굳이 지문을 100% 완벽하게 해석할 필요는 없다. 오히려 문제를 푸는 데 필요한 것만 골라 해석하는 것이 고득점의 비결

이다. 해석이 안 되는 부분이 나오면 시간을 낭비하지 말고 입술 한번 살짝 깨물고 그냥 다음 문장으로 넘어가는 배짱이 필요하다.

③ 문제유형에 따라 독해 방법을 달리해야 한다. 몇 가지 예를 들면 '필자의 태도나 심정을 묻는 문제'는 수식어만 눈여겨보면 제일 첫 문장만으로도 정답을 맞힐 수 있는 경우가 많다. 그리고 '위 지문의 내용과 일치하지 않는 것은?' 식의 문제는 보기를 먼저 읽고 지문을 보면 빠르게 독해할 수 있다. 어떤 내용이 나오는지 미리 짐작할 수 있기 때문이다. 난도가 높기로 유명한 '빈칸에 들어갈 말로 적절한 것은?' 식의 문제는 앞뒤 문맥을 잘 살펴서 논리적으로 연결이 되는 말을 찾아야 한다. 예컨대 빈칸에 들어갈 말이 연결사라면 빈칸을 중심으로 앞뒤 문장의 관계를 파악하는 것이 가장 먼저 할 일이다. 인과관계라면 'accordingly'나 'consequently' 등이 정답일 것이고, 비교나 대조관계라면 'on the contrary'나 'on the other hand' 등의 연결사가 들어가야 할 것이다.

이처럼 수능 영어는 문제유형에 따라 접근 방법이 완전히 달라진다. 그러니 평소 독해 공부를 할 때, 단순히 지문을 번역한 후에 문제를 풀고 채점하는 방식으로 공부를 끝내기보다 '어떻게 하면 이런 유형의 문제를 쉽고 빠르게 풀 수 있을까?'에 대해서도 고민한 뒤 자기만의 원칙을 세워두어야 한다.

④ 독해를 하다 모르는 단어가 나오면 문맥을 통해 뜻을 짐작한다.
글을 읽다 모르는 단어가 나왔다고 해서 곧바로 독해를 멈추고 사전
에서 찾아보는 것만큼 안 좋은 습관도 없다. 아무리 단어를 많이 외워
도 수능에는 반드시 모르는 단어가 나온다. 수능에서 측정하려는 것
은 '아무도 모르는 단어를 외우고 있는지'가 아니라 '설령 모르는 단어
가 나와도 정답을 찾아낼 능력이 있는지'다. 그래서 일부러 생소한 단
어를 출제하기도 한다. 물론 평소에 단어를 많이 외워두는 것이 가장
중요하지만, 독해하다가 모르는 단어가 나오더라도 멈추지 말고 어떻
게든 문맥을 통해 단어의 뜻을 유추해 보려고 노력하자. 때로는 내가
모르는 단어와 비슷한 의미를 가진 단어가 같은 문장 안에 또 있는 경
우도 많다.

step 03
실전 풀이로 감을 익히면서 부족한 점 보완하기

수능 영어의 3단계 공부에서 가장 중요한 것은 '시간'이다. 수능 영
어는 총 45문항인데 시간은 70분이다. 이 중에서 답안지 마킹 10분과
듣기 20분을 제외하면 40분이 남는다. 이 시간 동안 듣기를 제외한 28
문제를 모두 풀어야 한다. 즉 1문제당 1분 30초 내로 지문을 해석하고
문제를 푼 후, 정답까지 결정해야 한다.

지문에 있는 영어문장을 모두 해석하려고 덤벼들면 당연히 불가능하다. 문제를 푸는 데 필요한 문장만 골라서 해석해야 한다. 하지만 무엇이 문제를 푸는 데 필요한 문장인지 어떻게 알 수 있을까?

내가 제시하는 방법은 점심시간이나 저녁시간에 30분 동안 모의고사 1회 중에서 독해 부분 28문제를 모두 푸는 것이다. 40분에서 다시 10분을 줄인 것이다. 시간이 모자랄 것 같지만 내가 이야기하는 방법대로 독해하면 가능하다.

요령은 간단하다. 첫 문장만 해석한 후 문제를 풀어보라. 그래도 안 풀리면 두 번째 문장도 보는 것이다. 두 번째 문장을 보아도 안 풀리면? 그때 세 번째 문장을 보는 식이다.

"그렇게 풀었다가 뒷부분에서 갑자기 내용이 바뀌면서 허를 찌르면 어쩌죠?"라는 걱정이 들 것이다. 걱정할 필요 없다. 그런 식으로 뒤통수치는 문제는 수능 영어에서는 출제되지 않는다. 애초 수능 영어가 '최소한의 시간만 투자해서 내가 필요한 정보만 글에서 추출하는 능력'을 측정하는 시험이기 때문이다. 따라서 최소한의 문장만 해석한 뒤 곧바로 정답을 찾는 방식으로 연습하면 1분 30초가 아니라 30초 안에도 한 문제씩 풀 수 있다. 자연히 빠르게 독해를 할 수 있고, 남는 시간은 '다음 내용과 일치하지 않는 것은?', '빈칸에 들어갈 말로 가장 적절한 것은?' 등처럼 시간을 오래 잡아먹는 유형에 투자할 수 있게 된다.

이 방법을 사용해 정해진 시간 안에 28문제를 모두 풀었다면 이제 실력을 높이는 공부를 해야 한다. 수학과 비슷한 방법이다. 수학의 경우 1시간 동안 시간에 맞춰 풀고 1시간 동안 모르는 문제를 고민했듯 영어도 마찬가지다.

28문제를 풀었던 조금 전의 30~40분 동안, 우리는 최소한의 문장만 해석하며 정답을 찾았다. 그러니 (정답을 찾는 데 필요 없는) 나머지 문장은 읽지도 않았을 것이다. 그러나 이건 실력을 높이는 공부가 아니라 그저 빠르게 푸는 연습이었다. 그러니 이제부터는 시간에 구애받지 말고 차근차근 다시 독해를 해보는 것이다.

이번엔 아까 읽지 않고 넘어갔던 문장까지 하나하나 독해하면서 모르는 단어는 바로바로 외워두고 중요한 구문이나 숙어도 정리해 두자. 문법 문제에서 틀렸다면 내가 주로 보는 문법 교재도 다시 들춰보자. 만약 하루에 2시간씩 수능 영어에 투자한다면 30분은 문제를 풀고 90분은 부족한 부분을 채우는 공부를 하는 것이다. 이렇게 수능 때까지 연습하면 1등급은 절대 놓칠 일이 없다.

04

수능 탐구
100% 정복의 비밀

step 01
기본 개념부터 철저히 다지자

수능 탐구의 공부 단계는 의외로 간단하다. 첫째, 기본 개념을 철저히 이해하고 암기한다. 둘째, 문제 풀이를 통해서 약한 부분을 보충하거나 응용력을 기른다. 셋째, 기출문제나 FINAL 모의고사 문제집을 활용해 본격적으로 수능 유형에 대비한다. 이 중에서 하위권이 가장 힘써야 할 단계는 당연히 첫째, 즉 기본 개념의 철저한 이해와 암기다.

수능 국어와 수능 영어는 '기출문제'부터 시작했다. 그러나 수능 탐구는 수능 수학과 마찬가지로 '기본서'부터 시작한다. 둘 다 기본 개념이 충실하게 잡혀 있어야 비로소 응용도 가능하다는 점이 같기 때문이다.

① 기본서는 한 권만 정하자. 자습서를 보든 EBS 교재를 보든 사설 출판사의 기본서를 보든 큰 차이는 없다. 내가 추천하는 기본서는 『EBS 수능특강』이다. 특히 과학탐구의 경우 개념 설명이 잘되어 있어 100점짜리 교재이며 기본서로 손색이 없다.

한편 『EBS 수능특강』 사회탐구 편은 기본서로는 80점 정도다. 물론 좋은 교재이긴 하나 개념 설명이 다소 빈약하다. 사회 과목은 그 특성상 도표나 지도처럼 다양한 자료가 수록된 교재가 좋은데, 『EBS 수능특강』 사회탐구 편은 지나치게 요약되어 있어 기본서로는 약간 아쉽다. 그러나 시중 출판사의 교재들에 비해 좋은 교재임은 분명하니 여기서 부족한 부분은 자습서나 다른 참고서 등에서 보충하면 될 것이다.

한편 탐구영역은 일단 기본서를 정했다면 그 한 권만 반복해서 보는 것이 원칙이다. 여러 책을 연달아 보면 이 책 저 책에 있는 단편적인 지식이 뒤죽박죽되어 머릿속을 떠돌아다니게 되기 때문이다.

② 사회탐구의 경우 지도, 사진, 도표 등을 머릿속에 확실히 암기하고, 과학탐구의 경우 도표나 실험의 의미와 관련 내용을 철저히 암기하자. 예를 들어 지리 과목이라면 각각의 지도를 보면서 이것이 '무상일수'에 관한 것인지, '최한월 평균기온'에 관한 것인지 구별할 수 있어야 하며, 관련된 내용이 무엇인지도 확실히 암기해 두어야 한다.

③ 내용이 이해가 안 되면 인터넷 강의를 활용해서 개념을 철저히 다져라. 수능 탐구의 경우 혼자서 공부하게 되면 중요한 부분을 놓치게 되거나 이해의 흐름을 잡는 데 어려움을 겪을 수 있다. 하위권의 경우 기본서와 함께 인터넷 강의를 활용하면 수능 탐구의 기본을 다질 수 있다. 그런 면에서 『EBS 수능특강』을 기본서로 삼은 경우 EBSi 사이트에서 강의도 무료로 들을 수 있기에 좋은 점이 있다.

④ 단권화는 아직 시작하지 않아도 된다. 기본서에 없는 내용을 기본서에 옮겨 적는 것을 단권화라고 한다. 그런데 하위권의 경우 단권화를 하는 것은 바람직하지 못하다. 공부를 하다 보면 나중에는 별도로 암기하지 않아도 이미 머릿속에 들어 있는 때도 있고, 실력이 높아지면 중요한 것과 그렇지 않은 것을 구별할 수도 있다. 그러나 그런 실력에 이르지 못한 하위권이 당장 단권화를 하겠다고 덤벼들면 그 방대한 자료 앞에서 무릎을 꿇게 될 수도 있다. 단권화는 실력이 어느

정도 오른 중위권이 되었을 때 시작하는 것이 좋다.

step 02
다양한 문제 풀이를 통해 취약 부분을 보충하자

수능 탐구에서 기출문제를 푸는 시기는 수능 수학과 마찬가지로 기본서 공부가 끝난 뒤가 좋다. 만약 기본 개념이 없는 상태에서 기출문제를 보면 온통 모르는 내용이라 공부할 의욕도 안 나고 지치게 된다. 그러나 기본서를 반복적으로 공부한 후라면 이제 기출문제를 활용해서 본격적으로 문제 적응력을 기를 수 있다.

수능 탐구 기출문제를 풀 때의 포인트는 다른 과목과 다르다. 예컨대 수능 국어와 수능 영어는 ① 각 문제유형별 접근법을 익히기 위해, ② 시간 안배 연습을 위해 기출문제를 풀었다. 그러나 탐구영역은 그 두 가지보다는 '기본 개념을 더욱 확실히 다지기 위해' 기출문제를 푸는 것이다.

따라서 탐구영역 기출문제를 풀 때는 문제유형에는 집착할 필요가 없다. 시간 맞춰 푸는 연습도 하지 않아도 된다. 어차피 탐구영역은 알면 맞히고 모르면 틀리는 것이지, 알면서도 시간이 부족해서 틀리는 경우는 거의 없다. 따라서 시간 맞춰 풀기보다 기출문제에서 '어떤 개념'을 묻는지 잘 살펴봐야 한다. 수능을 출제하는 교수님들은 방대한 수능 탐구 범위 중에서 특정 부분을 중요하다고 여기고 그것을 문제로 낸다. 따라서 기출문제를 풀다 보면 나오는 문제는 계속 나오고 안 나오는 문제는 계속 나오지 않는다.

예를 들어 금속의 반응성을 각종 실험을 통해서 비교하는 문제는 화학과목에서 거의 빠짐없이 나오지만 구석기나 신석기 시대의 유적지 명칭을 정확히 알고 있는가 하는 문제는 한국사에서 나오지 않는다. 이처럼 기출문제를 보면 내가 중점적으로 공부해야 할 부분이 어디인지를 알 수 있게 되고, 그러면 점수에 직결되는 공부만 하면서 시간을 아낄 수 있게 된다.

한편 많은 학생이 문제 풀이를 할 때 틀린 문제는 해설지를 보거나 관련 기본서를 뒤적이며 이해한다. 그런데 그것보다 더 빨리 성적을 올리는 팁을 알려주겠다.

문제를 풀다 보면 정답은 맞힐 수 있었지만 정답 이외의 다른 보기에 관해서는 잘 모를 때가 있다. 그런 부분을 문제를 '풀면서' 표시해두는 것이다. 예컨대 과학탐구 문제를 풀다가 '반응성과 이온화경향은 같은 개념인가?'라는 의문이 생기면 반드시 (문제를 푸는 도중에) 여백에 메모를 해두라. 예컨대 사회탐구 문제를 풀다가 '노자와 장자의 사상에 차이점이 있었던가?'라는 의문이 생기면 '에이, 정답은 찾은 것 같으니 일단 다음 문제로 넘어가고 그건 이따가 채점 후에 찾아보자'라고 생각하지 말고, 그 즉시 의문을 여백에 적어두라.

왜냐면 채점하는 순간 그 문제를 풀면서 들었던 모든 의문은 잊히기 때문이다. 일단 채점하고 나면 어떤 의문을 가졌는지, 심지어 이 문제를 풀며 내가 의문을 가졌다는 사실조차 머릿속에서 사라진다. 그러나 실력을 올리는 가장 빠른 비결은 문제를 풀면서 생겼던 모든 의문을 적어놓고 채점 후 그걸 어떻게든 해결하려는 습관에 있다.

이렇게 탐구영역은 문제를 풀면서 들었던 의문들, 점수를 매긴 후에 틀렸던 문제들에 관해 반드시 기본서를 들춰 보며 보충하자. 이것이 수능 탐구 공부의 핵심이고 진정한 단권화다. 단권화란 기본서에 없는 부분을 발견할 때마다 모조리 그것을 기본서 여백에 베껴 쓰는 작업이 아니다. 단권화를 그런 식으로 하면 끝이 없다. 내가 말한 방식처럼 '문제를 풀면서' 발견된 나의 취약점을 기본서로 보충해야 효율적인 단권화도 할 수 있고, 성적도 빠르게 올라간다.

step 03
실수로 새어 나가는 문제 잡기

수능 탐구는 별다른 기초가 없더라도 기본 개념 이해와 문제 풀이가 충분하다면 점수가 비교적 잘 오르는 편에 속한다. 하지만 내게 쉬우면 남들에게도 쉬운 법.

실제로 수능을 몇 달 앞둔 시기에는 영어·수학을 포기한 많은 학생이 '탐구영역에서라도 점수를 받자'는 절박함으로 맹렬히 달려든다. 따라서 상위권으로 올라갈수록 점수 경쟁은 치열해지고, 한두 개만 틀려도 표준점수가 급격하게 하락하는 것이 수능 탐구다.

그러므로 중위권은 물론이고 상위권도 수능 탐구에서 절대 실수해서는 안 된다. 실수를 줄여야 한다는 것은 여느 과목에서나 마찬가지지만 수능 탐구에서의 실수는 수학영역의 실수와 차원이 다르다. 각 과목별로 20문항에 불과한 데다가 점수가 높은 학생들의 비율이 다른 영역보다 많으므로, 한두 개만 실수해도 표준점수와 백분위가 급격하게 하락하기 때문이다.

수능 탐구에는 출제자들이 흔히 이용하는 함정들이 있다. 예를 들어 아래의 표를 보자.

월	사회탐구 선택 인원 비율	과학탐구 선택 인원 비율
남자(전체 1000명)	40%	60%
여자(전체 500명)	70%	30%

이런 식으로 표를 내놓고 보기 중에 하나로 '사회탐구를 선택한 학생은 남학생보다 여학생이 더 많다'라는 식으로 적어놓는 것이다. 언뜻 보면 남학생이 40%, 여학생이 70%니까 맞는 것처럼 보이지만 사실은 함정이다. 남자 전체 1000명 중에 40%면 400명이고, 여자 전체 500명 중에 70%면 350명이다. 그러니까 사회탐구를 선택한 학생은

남학생이 더 많은 것이다. 물론 차분하게 보면 안 속는다. 그러나 긴장도 되고 시간도 빠듯한 실전 수능 상황에서는 마음이 급해서 글자와 숫자가 제대로 보이지 않는다. 그런 상황에서 위의 문장을 보면 출제자가 파놓은 함정에 쉽게 속아 넘어가게 된다.

실수를 줄이는 방법은 딱 한 가지, 일명 '양치기'다. 그야말로 문제 풀이의 양으로 승부하는 것이다. 수능 기출문제, 교육청 모의고사, EBS FINAL, 사설 출판사 모의고사 등 닥치는 대로 최대한 많이 푸는 것이 관건이다.

나는 수능을 앞두고 거의 매일 수능 탐구 모의고사를 1회씩 풀었다. (언뜻 들으면 대단한 것 같지만 과목별로 20문제밖에 되지 않아 시간이 얼마 걸리지 않는다.) 점수를 매기고 난 후에 개념이 부족한 부분은 기본서를 반복해서 읽으면서 단권화하고 보충했다. 그리고 실수로 틀린 부분은 문제 위의 여백에다 내가 실수를 한 이유를 빨간 펜으로 적고, 문제 전체를 오려서 벽에 붙여두었다. 예컨대 위의 경우라면 "퍼센트 수치와 전체 수치를 구별하자!"라고 적는 식이다.

실수는 반복된다. 당신도 자신이 틀리는 문제들을 잘 살펴보라. 지금 틀렸던 문제는 예전에도 틀렸던 문제다. 그러니 양치기 공부를 하다가 내가 실수로 점수를 놓쳤다는 것이 발견되면 해설을 보며 고개만 끄덕이지 말고, 반드시 '특별한 조치'를 취해 두는 것이 좋다.

예컨대 내가 실수한 문제를 오려서 벽에 붙여두든가, 오답노트에 붙이든가, 아니면 매일 밤 공부를 마무리할 때 틀린 문제만 다시 한번 복습하든가, 이렇게 특별한 노력을 기울여야 한다. 그렇지 않으면 실전에서 출제자가 파놓은 함정에 빠지기 쉽다.

실수란 단순히 컨디션이 안 좋을 때 발생하는 게 아니다. 평소에 대비를 제대로 하지 않아서 발생하는 것이다. 출제자는 당신이 어느 부분에서 실수할지 이미 알고 있다. 그리고 당신의 실수를 유도하려는 문제를 만든다. 따라서 평소에 실수할 때마다 반드시 따로 정리해 놓고 '다음에는 절대 속지 말자'라고 다짐, 또 다짐해야 한다. 실전에서 만점을 받는 학생은 바로 그런 학생이다.

성공하는
재수 생활의 원칙

고3 수험생활만으로 자신이 원하는 대학과 학과에 진학했다면 그보다 더 좋은 일은 없을 것이다. 그러나 1년에 한 번 치러지는 수능의 특성상 '운'이라는 요소도 많이 작용한다. 특히 대학에 원서를 쓰고 나면 '경쟁률'처럼 내가 통제할 수 없는 요소들이 많이 작용해서 아쉽게도 원하던 결과를 얻지 못하게 될 수도 있다.

그리하여 결국 재수의 길로 들어서게 됐다면 재수해 본 선배의 입장에서 우선 축하(?)한다는 말을 하고 싶다. 왜냐면, 외적인 모습이야 입시 실패라는 처참한 결과겠지만 앞으로 당신이 재수를 하게 되면서 성장하게 될 내면의 모습은 어떤 교육과정으로도 이룰 수 없는 것임을 나는 알기 때문이다. 물론 재수를 굳이 권하는 것은 아니다. 하지만 그 과정이 인생에서 그리 낭비되는 시간은 아니라고 본다.

재수하면 현실적으로 좋은 점도 많다. 고3 때는 내신과 수능 두 마리 토끼를 잡느라 어느 것에도 최선을 다하지 못했지만, 이제부터는 오로지 수능 하나에만 '올인'하면 된다. 남들보다 1년 더 공부한다는 사실도 성적이 오르는 주요 원인이 된다. 그래서일까. 우리나라는 재수생의 비율이 상당히 높다. 50만 명에 이르는 수능 응시생 중에서 재수생 비율이 무려 30%에 이르고, 인서울 대학교 입학생 3명 중 1명이 재수생이다.

문제는 모든 재수생이 무조건 성공하는 것은 아니라는 것이다. 상당수 학생은 1년 전에 입학했었던(그러나 휴학을 해두었던) 마음에 들지 않는 대학교로 다시 돌아가기도 하고, 또 상당수 학생은 삼수생의 길로 들어서기도 한다. 그런데 이상하게도 고3보다 재수생의 수능 점수가 더 높은 것은 분명한 사실이지만, 삼수생이 재수생보다 수능 점수가 높은 건 아니다. 따라서 입시 재도전은 반드시 재수로만 끝내는 것이 좋다.

재수 생활을 성공적으로 끝내기 위해서는 반드시 지켜야 할 원칙이 있다. 이제부터 이야기할 몇 가지 조언은 다른 공부법 팁과는 다르게 당신의 인생을 좌우할 수도 있는, 매우 중요한 것들이니 반드시 실천하길 바란다.

1. 독학은 금물이다

나는 아르바이트로 학원비를 벌어가면서 종합반 학원을 다녀보기도 했고, 학원에 다니지 않고 독학으로 공부해 본 경험도 있다. 내가 내린 결론은 재수생은 반드시 학원에 다녀야 한다는 것이다. 물론 중·고등학교 학생들에게는 학원에 다니는 것이 가끔은 자기주도적인 학습에 방해가 될 수도 있다. 그러나 재수생은 그 반대다. 왜냐면 이미 학교를 졸업한 재수생의 입장에서는 종합반 입시학원이 고등학교의 역할을 대신하기 때문이다.

혼자 공부하는 것은 무척 힘들다. 아니, 거의 불가능하다고 봐도 된다. 공부 자체가 어렵기 때문이 아니라 자기 관리를 하기가 힘들기 때문이다. 매일 일정한 시간에 일어나고 정해진 장소에 나가서 계획된 진도를 공부하는 과정은 혼자서는 꾸준히 해나가기 힘들다. 만약 학원에 나가지 않으면 처음 일주일은 열심히 공부할지 모르나 곧 나태해지기 시작한다. 한 달만 지나도 해가 중천에 떴을 때 일어나게 되고, 얼마 지나지 않아 낮과 밤이 뒤바뀌게 된다. 자극을 받지 않으니 의욕도 안 나고 진도도 생각만큼 나가질 않는다.

뒤늦게(보통 선선한 바람이 부는 9월쯤 돼서야) '이렇게 혼자 공부하다가는 망하겠다'라는 절박함이 들어서 학원에 등록해 보지만, 그때는 이미 학원 진도를 따라잡기에 늦었을 수도 있다. 그러므로 재수해야겠다는 마음이 들었다면 당장 근처에서 가장 규모 있는 재수 종합학원을 찾아가 등록하는 것이 당신이 첫 번째 할 일이다.

2. 수능 날까지 결석금지, 지각금지, 조퇴금지

사실 이 원칙만 지켜도 재수 생활은 100% 성공한다. 고등학생들이 이 원칙을 보면 이게 뭐가 어려운 거냐고 코웃음 칠 테지만 한 번이라도 재수 생활을 해본 사람이라면 이것이 얼마나 지키기 힘든 일인지 알 것이다.

학원은 학교와 다르다. 내 돈 내고 내가 원해서 다니는 것이 학원이니 가기 싫은 날은 몸이 안 좋다 핑계 대고 안 나가면 그만이다. 게다가 재수생들은 술·담배도 할 수 있는 어른(?)인지라 학원 선생님들도 강압적으로 대하지 않는다.

특히 저녁 자습 같은 경우는 완전히 자율이기에 마음만 먹으면 얼마든지 빠져도 상관없다. 이미 대학교에 진학한 친구들과 함께 호프집에서 즐겁게 맥주 한잔 할 수도 있다. 누구도 뭐라 하지 않는다. 하지만 어찌 보면 좋아 보이는 이런 자유가 재수 생활에서는 가장 극복하기 어려운 적이 된다.

재수하면 서글플 때가 많다. 꽃다운 나이에 좁은 교실에서 분필가루와 먼지를 마시면서 하루 종일 쭈그려 앉아 문제만 푸는 생활이 비참하게 느껴질 때도 있다. 하지만 그런 힘든 생활이기 때문에 올해로 끝내야겠다는 각오로 공부해야 한다. "가끔은 스트레스도 풀어야 한다"라는 핑계로 친구들과 카페나 술집에 드나들거나 PC방을 전전한다면 그 사람은 내년에도 그 학원에 있을 확률이 높다.

3. 학원의 커리큘럼에 충실하자

많은 학생이 수능 두어 달 전부터는 수업 시간에 귀마개를 꽂고 자기만의 공부를 한다. 이렇게 수업을 듣지 않고 혼자 정리하려는 학생들을 위해, 재수학원이 친절하게도 전용 자습실까지 운영하는 경우도 있다.

내가 재수를 할 때 우리 반에 어떤 여학생이 있었다. 그 애는 "수업 내용이 쉬워서 이제 더는 들을 필요가 없고, 수능이 얼마 남지 않았으니 혼자 공부하는 것이 낫겠다"라며 항상 자습실로 내려가서 공부했었다. 반면에 나는 끝까지 교실에 남아서 수업을 들었다.

그해 나는 서울대에 합격했다. 그러나 그 여학생을 비롯해 수업 시간에 자습실로 갔던 많은 학생은 다음 해에도 그 학원에 등록해야 했다. 그 사실을 알았을 때 나는 소름이 돋았다.

'재수생은 반드시 학원의 커리큘럼을 충실하게 따라가라'라는 말은 사소한 조언이 아니다. 선배들의 회한이 담긴 충고임을 기억하길 바란다. 우리가 수업에 충실해야 하는 이유는 그 선생님이 잘 가르쳐주기 때문이 아니라 혼자 공부해서는 제대로 정리하기 힘들기 때문이다.

수업을 듣지 않고 혼자 정리하면 처음에야 공부가 잘되는 것 같겠지만, 점차 진도가 처지기 시작한다. 그리고 나중에는 수업을 듣는 학생들보다 공부하는 양이 훨씬 줄어들게 된다. 그러니까 수업의 내용이 너무 쉽다면 다른 과목이나 다른 단원을 풀지 말고, 차라리 수업 진도에 해당하는 부분의 깊은 문제를 다뤄보는 것이 백배는 낫다.

수능이 가까워질수록 불안한 마음에 수업을 멀리하고 혼자 정리를 하고 싶다는 충동이 강하게 느껴질 것이다. 그러나 내 경험상, 수능이라는 뚜껑을 열었을 때 소위 '대박'이 났던 학생들은 마지막까지 수업을 충실히 들었던 학생들이었다.

4. 문제 풀이의 함정에 빠지지 말고 개념을 철저히 이해하자

성적을 빠르게 올리고 싶다는 강박관념과 초조함 때문에 많은 학생이 문제 풀이의 양만 늘린다. 그런 방식의 공부는 그리 큰 효과가 없다는 것을 고3 때 충분히 경험했을 텐데 재수할 때 역시 같은 방식으로 공부한다. 그러나 문제 풀이의 양을 늘리면 아주 조금은 성적이 오를지 몰라도 어느 순간부터는 성적이 좀처럼 오르지 않는다.

어차피 실전 문제는 8, 9월부터 질리도록 풀게 된다. 따라서 그 전에는 교과서나 기본서를 최대한 깊게 보면서 기본 개념을 확실히 익혀두는 것이 좋다. 개념과 기본원리에 대한 공부가 철저히 되어 있어야 나중에 문제 풀이를 해도 그 시간이 곧바로 성적 향상으로 연결되는 것이다.

5. 양에 욕심부리지 말고, 수능 2주 전에는 정리를 끝내라

수능이라는 게 참 이상해서, 많은 책을 본다고 점수가 잘 나오는 시험이 아니다. 끝낸 문제집의 권수나 풀었던 문제들의 개수보다는 얼마나 개념정리를 잘해놓았느냐에 따라 점수가 좌우되는 게 수능이다.

그러니 자신의 능력을 객관적으로 판단해서 수능 2주 전까지는 무리 없이 끝낼 수 있을 만큼만 공부 계획으로 잡아라. 즉 수능 2주 전부터 수능까지는 아무 계획도 잡지 말라는 뜻이다. 어차피 욕심이 앞서 이것저것 하겠다고 계획해 봤자 지켜지지도 않고 오히려 자신감만 떨어진다. 수능 2주 전부터는 이제 새로운 것을 보지 말고, 지금까지 공부해 왔던 것을 차분히 훑어보며 마음을 안정시켜야 한다. 봤던 것을 또 봐야 자신감도 생기는 법이다. 그런 자신감은 한 번도 받아보지 못한 성적으로 당신에게 보답할 것이다.

정직한 공부는
결코 배신하지 않는다

최근 우리를 둘러싼 환경이 참 많이도 변했다. 특히 스마트폰 시대가 시작되면서 손안의 작은 컴퓨터가 사람들의 일상을 바꾸었다. 예전에는 학생들이 밤새워 컴퓨터 게임을 하거나 인기 드라마, 일본 애니메이션을 정주행했는데, 이제는 스마트폰으로 캐주얼한 게임을 즐기고 유튜브에서 자기가 원하는 영상을 골라본다. 구구절절한 이야기보다 쉽고 빠르며 간단한 것을 선호하는 시대다.

그래서인지 소위 '공부법'도 이런 시대 흐름을 타는 것 같다. 공부에 가성비를 따지기도 하고, 놀면서도 성적을 올려준다는 쉽고 빠른 요령이 이곳저곳에 넘쳐난다.

그러나 자신 있게 이야기하자면, 공부란 정직하게 해야 하는 것이다. 결국엔 그게 가장 빠른 길이다. 얕은 꼼수로는 당장 점수 몇 점이 오른 것 같아도 언젠가 성장의 한계에 부딪힌다. 공부란 그저 '내가 이걸 제대로 알고 있던가?'라는 의문을 가지고, 우직하게 책상에 앉아 엉덩이뼈가 아플 때까지 눈앞의 글자들을 이해하는 바로 그 시간의 합계일 뿐이다.

힘들지만 정직한 노력을 이어나가는 삶. 나는 공부를 하며 그러한 삶의 태도를 배웠고, 그것이 삶에서 얼마나 멋진 선물로 되돌아오는지 여러 번 경험했다. 느린 것처럼 보여도 가장 정직한 방법, 힘들지만 꾸준히 노력하는 자세, 요행을 바라지 않고 착실하게 노력하는 태도는 반드시 보답을 받는다. 공부란 바로 그걸 배우는 과정이다.

『박철범의 하루 공부법』은 그런 평범하지만 정직한 학생들을 위한 책이다. 당신이 공부하면서 이러한 삶의 태도를 배울 수 있다면, 그 노력의 시간은 당장 눈앞의 점수를 떠나 이미 당신의 삶에 가장 소중한 자산이 되어줄 것이라 믿는다.

빨리 가려 하기보다는 정직한 마음으로, 올바른 방향으로 가보자. 이 책에는 당신에게 필요한 모든 방법이 이미 들어 있다. (심지어 나는 필통에 무엇을 넣고 다녀야 할지도 얘기했다!) 당신에게 필요한 모든 공부법이 이 책에 있으니 이제는 실천할 차례다.

이 방법이 우리의 꿈을 이뤄주리라는 것은 저자인 내가 직접 삶으로 증명했고, 지난 13년 동안 이 책을 먼저 읽고 공부했던 여러분들의 100만 선배들이 증명했다. 그리고 이제 당신 차례다.

부록

부모님들께 드리는
7가지 조언

저는 자녀교육에 관한 전문가는 아닙니다. 그러나 저의 어머니가 가르치셨던 방식 중에서 효과가 있었던 것은 분명히 몇 가지 있습니다. 어머니는 확고한 원칙을 가지고 계셨고, 그것을 저를 기르는 동안 꾸준히 실천하셨습니다. 그 결과 제가 나름의 어려움을 극복하고 원하던 것을 성취할 수 있었다고 생각합니다.

저는 대학교에 입학하고 나서부터 최근까지 수많은 학부모님을 만나 뵈었습니다. 항상 느끼는 것은 우등생 자녀를 둔 학부모님은 하나같이 비슷한 모습을 하고 계시다는 사실입니다. 물론 사람의 성격이 모두 다르고, 집안 환경도 모두 다를 것입니다. 그러나 공통분모에 해당하는 것은 분명히 존재합니다.

저의 부모님과, 제가 가르쳤던 최상위권 학생들의 부모님의 공통점 중에서 제가 생각해도 그러하다고 여겨지는 것들을 바탕으로 이 글을 읽는 부모님들께 몇 가지 조언을 드리고자 합니다.

과보호하면
입시에 실패합니다

초등학교와 중학교 저학년 때야 학교에서 혹은 학원에서 시키는 것만 잘해도 어느 정도 성적은 나옵니다. 그러나 고등학교에 올라가면 같은 방식으로는 제대로 성과를 내기 어렵습니다. 스스로 공부하는 법을 모르면 치열한 입시를 통과하기 힘듭니다.

스스로 공부한다는 것은 강한 정신력을 필요로 합니다. 물론 공부가 재미있으면 효율이 높아지지만 그렇다고 재미있을 때까지 기다렸다가 그때부터 공부할 수도 없는 노릇입니다. 때로는 힘들어도 참고 해야 할 때가 많으며, 그 과정은 정신력이 없으면 버티기 힘든 것이 사실입니다. 그리고 강인한 정신력은 타고나는 것이 아니라 부모님이 만들어줄 수 있는 것이라 생각합니다.

예를 들어 학생이 밤늦게까지 공부를 하면 기특한 마음에 밤참이라도 가져다주고 싶은 것이 부모의 마음일 것입니다. 학교에서 돌아와서도 몇 시간씩 책상에 앉아 있는 것을 보면 대견하기도 하고 걱정되기도 하는 마음에 "이것 좀 먹고 하지?"라는 식의 부드러운 말을 건넵니다.

그러나 자녀를 위하는 그 말 한마디가 자녀에게는 오히려 마이너스가 됩니다. 모처럼 집중하고 있는데 부모님이 말을 걸어오니 집중이 깨져버리는 것입니다. 한두 번밖에 말을 건네지 않았다고 해도 학생으로서는 다시 말을 건네지 않을까, 내 방문을 또 열지 않을까 하는 마음에 무의식적으로 집중이 분산됩니다.

설령 공부하느라 저녁 한 끼를 먹지 않는다 해도 죽을 일도 없고 건강이 나빠질 일도 없습니다. 걱정되는 마음에 부모가 공연한 온정의 말로 자녀의 날카로운 집중력을 무디게 만드는 일이 자주 있는 집의 자녀들은 대부분 정신력과 끈기가 부족합니다.

그런 경우 특히 수학을 못하는 경우가 많습니다. 수학은 과목의 특성상 오랜 시간 깊이 생각하는 것이 필수이고, 풀리지 않더라도 근성을 가지고 달려드는 자세가 필요합니다. 그러나 과보호를 하는 집의 학생들은 집중력과 정신력이 약하다 보니, 특히 수학에서 좋은 점수를 받기가 힘든 것이지요.

문제집도 그렇습니다. 자녀가 문제집을 사달라고 하면 공부에 대한 의욕이 생겼다며 좋아하는 부모님들이 많은데, 그러면 안 됩니다. 저는 기존의 문제집을 검사한 후에 모두 푼 경우에만 새 문제집을 사 주라고 조언합니다. 어차피 새로 사줘 봐야 몇 장도 제대로 풀지 않고 금방 지겨움을 느낀 채 '좀 더 좋다는 다른 문제집'을 찾는 것이 일반적인 패턴입니다.

집안일도 마찬가지입니다. 자녀가 공부하고 있으면 부엌일이나 심부름을 시키지 않는 것은 물론, 이부자리를 대신 펴주시거나 공부방을 대신 청소해 주시기도 합니다. 그러나 부모님이 이런 태도를 보이면 자녀는 공부를 무슨 벼슬로 생각하게 됩니다. 공부를 무기 삼아 자신이 원하는 것을 얻기 위해 꾀를 부리는 것입니다.

저 역시도 그랬고, 제가 접한 많은 최상위권 학생들은 오히려 가사를 적극적으로 돕는 학생들이었습니다. 그건 어찌 생각해 보면 당연한 일입니다. 공부를 잘한다는 것은 무슨 일이든 최선을 다하는 자세가 몸에 뱄다는 것입니다. 집안일이라고 해봐야 몇 시간씩 하는 것도 아니고 고작 10~20분 하는 것이 전부인데, 공부한다는 핑계로 그런 것도 안 하려고 하는 학생이라면 공부에도 분명히 꾀를 부리는 학생입니다. 스스로 공부할 수 있게 만들려면 다른 일도 스스로 할 수 있게 만드셔야 합니다.

예전에 어떤 학생의 과외 수업을 했던 적이 있습니다. 처음 제가 집에 찾아가니 어머님은 화장실 청소를 하다가 현관문을 열어주셨는데, 학생 방에 들어가 보니 책상 위에는 먹을 것들과 풀다 만 문제집들이 잔뜩 널려 있었습니다. 그리고 한쪽에는 비싼 핸드폰이 굴러다니고 있었습니다. 전형적인 과보호 집안이었습니다. 아니나 다를까, 학생은 수업 시간 내내 집중하지 못하는 산만한 스타일이었고, 특히 수학 성적이 낮았습니다. 저는 학생의 어머니에게 말씀드렸습니다.

"어머니, 이 학생은 과외보다는 화장실 청소를 시키는 게 성적을 올리는 데 더 도움이 될 것 같습니다."

그 어머니는 금방 제 말의 의미를 알아차리셨습니다. 그 뒤로 학생에게 화장실 청소는 물론이고 각종 집안일을 돕도록 하셨습니다. 원하는 것은 다 사주었던 방식을 버리고, 필요한 것은 직접 용돈을 벌어서 쓰도록 교육 방식도 바꾸셨습니다. 그리고 오래지 않아 그 학생의 성적은 눈에 띄게 향상되었습니다. 성적이 향상된 것도 좋은 성과지만 더 의미 있는 성과가 있었습니다. 그것은 예전보다 공부에 대해 훨씬 진지한 태도, 더 적극적인 삶의 태도를 보이게 되었다는 것입니다.

02

칭찬을 통해
자존감을 높여주세요

과보호를 하지 말라는 말이 자녀를 지나치게 엄격히 대하라거나 꾸중을 자주 하라는 게 아닙니다. 공부를 잘하게 만들려면 오히려 칭찬을 자주 해주셔야 합니다.

제가 초등학교 3학년 때의 일입니다. 당시 저는 숫자 예쁘게 쓰기라는 교재를 펼쳐놓고 1, 2, 3, 4, 5를 쓰고 있었습니다. 마침 '4'라는 숫자를 몇 번씩 쓰고 있는데, 문득 제가 쓴 4라는 숫자 중 하나가 너무나도 예쁘게 잘 써진 것입니다. 저는 그 모양이 마음에 들어 '이것이 과연 내가 쓴 것인가?' 하고 생각하며 하염없이 바라보고 있었습니다.

그때 어머니가 지나가다 그 광경을 보셨습니다. 저는 "빨리 안 쓰고 뭐 하냐?"라고 하실 줄 알았는데 어머니는 제가 쓰고 있던 교재를 보더니 이렇게 말씀하셨습니다.

"우와, 이거 네가 쓴 거야? 잘 썼네? 따라 쓰라고 아래에 인쇄된 것보다 훨씬 잘 쓰네. 역시 우리 철범이는 수학을 잘하네!"

숫자를 예쁘게 쓰는 것과 수학을 잘하는 게 무슨 상관인지는 모르겠지만 어쨌든 기분이 좋았습니다. 그런 식으로 어머니는 틈만 나면 내가 하는 공부를 들여다보고 칭찬할 것을 찾아내셨습니다.

그 덕분인지 저는 자존감이 높았습니다. 심지어는 고등학교 1학년 때 수학을 25점 받고도 '이건 내가 바보라서가 아니라 단순히 공부를 안 해서 그런 거야', '최선을 다해서 공부한다면 금방 따라잡을 수 있을거야'라고 생각했습니다.

제가 공부를 열심히 하게 된 까닭은 어떻게 보면 자존감 덕분입니다. 저는 수학을 잘하는 사람인데 성적은 25점밖에 안 나왔으니 그 차이를 좁혀봐야겠다는 강한 열망이 생긴 것입니다.

공부는 내가 했지만 그 공부를 하게 만든 건 부모님의 꾸중이 아니라 칭찬이었습니다. 제가 학부모님들을 만나보면서 느낀 것도 마찬가지입니다. 우등생 자녀를 둔 학부모들의 공통점 중 하나가 자녀에 대한 칭찬에 인색하지 않다는 점입니다. 특히 남 앞에서는 자주 칭찬해 주세요. 그런 부모님의 자녀들은 하나같이 성적이 최상위권이었습니다.

03

성적이 떨어지면
아무 말씀도 하지 말아주세요

성적이 떨어지면 누구보다 상처를 받는 것은 학생 본인입니다. 성적이 떨어진 이유는 다른 누구 탓도 아닌 자신의 노력 부족이라는 것도, 성적을 올리려면 열심히 공부해야 한다는 사실도 학생 스스로 이미 잘 알고 있습니다. 부모님에게 실망을 안겨드렸다는 사실도 알고 있습니다.

그런 상황에서 "이게 뭐야? 너 제대로 공부 안 하고 맨날 핸드폰만 만지작거리니까 이런 거 아냐!"라고 학생을 다그치면 부모님에 대한 미안함은 한순간에 사라지고 자기합리화를 할 이유, 즉 변명거리를 찾게 됩니다.

"이번 시험은 어렵게 나와서 그래! 나만 못 친 거 아냐! 엄만 모르면서 자꾸 그러지 좀 마!"

이렇게 싸우다 보면 끝이 없습니다. 방문을 쾅 닫고 자기 방에 쏙

들어가 버리는 자녀를 보며 뭘 어떻게 해야 할지를 모르겠다면 이 조언대로 한번 해보세요. 그건 성적이 떨어지면 아무 말도 하지 않는 것입니다. 그렇다고 꾸중 대신 따뜻한 위로를 건네라는 말은 아닙니다. 성적이 떨어졌는데도 "괜찮아. 공부가 인생의 전부는 아니야." 하고 위로하는 것은 별 소용이 없습니다.

아이들은 눈치가 빨라서 부모님이 말은 저렇게 해도 실제로는 그렇게 생각하고 있지 않다는 사실을 대번에 알아차립니다. 부모가 속마음과 다른 말을 해봤자 자녀에게 아무런 위로가 되지 않으며 오히려 가식처럼 여겨져 반발심이 생기는 경우도 많습니다.

말 그대로 아무 말씀도 하지 마세요. 꾸중도, 위로도 하지 마세요. 부모의 침묵은 '많이 속상하겠구나. 네가 나름대로 공부했는데도 성적이 안 올랐다니 할 수 없지만 그렇다고 그게 괜찮다는 뜻은 아니다'라는 것을 표현하는 가장 효과적인 방법입니다.

04

공부하라는 말 대신
공부방 정리 정돈을 시키세요

자녀의 공부방을 들여다보며 짜증이 났던 적이 다들 있으실 겁니다. 책상 위에는 여러 과목의 책들이 어수선하게 흩어져 있고, 그 위로 잡다한 물건들이 아무렇게나 굴러다니고 있습니다.

이런 모습을 보며 '과연 그냥 내버려 둬도 괜찮을까?' 의문이 드는 게 사실입니다. 하지만 그리 중요한 일은 아닌 것 같고 정 심하면 내가 이따 청소하면서 대충 치워주리라 생각하며 내버려 두시는 부모님들이 많습니다.

그러나 이 부분은 분명히 엄격하셔야 합니다. 이것저것 잡다하게 어질러져 있는 방에서는 아무래도 집중력이 떨어지게 마련입니다. 공부하는 동안 책상에 다른 것이 있으면 반드시 주의가 분산됩니다. 설령 그것이 학교 시간표라 해도 마찬가지입니다. 책상 앞에 앉아 눈을 들어 시간표를 바라보는 순간 '내일 음악 시간에는 뭘 하지?'라는 잡념을 가지게 됩니다. 그렇게 공부하는 틈틈이 잡념을 가지는 습관이 들어버리면 최상위권이 되기는 어렵습니다.

저의 어머니는 항상 제게 "네 방 모습이 네 머릿속 상태다"라며 깔끔하게 정리 정돈하라고 시켰습니다. 집에서 공부를 잘 안 한다고 하더라도 마찬가지입니다. 평소에 내 물건을 잘 정리 정돈하고, 책꽂이에 꽂혀 있는 책들은 과목별로, 종류별로, 높이순대로 가지런하게 정리하는 습관은 공부 습관과 다르지 않습니다.

또한 어머니는 숙제를 다 했는지는 한 번도 검사하신 적이 없었습니다. 대신 손톱을 검사했습니다. 손톱이 단정하게 잘 깎여 있는지, 손은 깨끗이 씻었는지를 자주 검사했고, 그렇게 몸가짐을 단정히 하는 습관을 들이자 그것이 공부에 적합한 성격을 만들기 시작했습니다.

공부도 결국은 지식을 잘 정리하고 정돈해서 머릿속에 차곡차곡 쌓는 일입니다. 저는 과외를 다니면서 많은 학생을 보았는데 책상이 잘 정리되어 있고, 책꽂이에는 필요한 것만 꽂혀 있으며, 책상 위에는 딱 공부할 것만 올려져 있는 학생들은 100% 성적이 우수하다는 사실을 깨달았습니다.

05

자유를 주되
울타리를 쳐주세요

저의 어머니는 평소에 공부하라는 말은 안 하셨고 제가 무엇을 하든지 내버려 두셨습니다. 그러나 그것이 "그냥 네가 살고 싶은 대로 살아라"라는 식의 무책임한 방임은 아니었습니다.

한번은 중학교 시절, 돈을 벌고 싶다는 생각이 들었습니다. 동네 조그만 공장에서 어떤 아저씨가 중학생들도 써주겠다고 한 것입니다. 친구들이 몰려가서 일했는데 일당으로 내 한 달 용돈보다 훨씬 많은 돈을 받아 오는 것을 보니 저도 가서 돈을 벌어보고 싶었습니다.

그 이야기를 했더니 어머니는 정신상태를 바로잡아 주겠다며 회초리를 드셨습니다. 종아리를 때리시면서 왜 지금은 일이 아니라 공부를 해야 하는지에 대해 말씀하셨습니다.

또 한번은 제가 게임에 너무 열중하던 때가 있었습니다. 옆에서 책을 읽으시던 어머니는 "많이 했으니 이제 그만하자"라고 하셨지만 저는 "조금만 더 하고요"라고 대답했습니다. 그러자 어머니는 조용히 밖으로 나가시더니 망치를 들고 오셨습니다. 그리고 조용히 말씀하셨습니다. "엄마가 분명히 말했지? 그런데도 네가 절제를 못 한다면 아직 너는 그 기계를 감당할 능력이 없는 거야. 네 손으로 직접 그걸 부숴라. 못 하겠다면 중독자 아들은 필요 없으니 이 집을 나가라."

결국 저는 제 손으로 컴퓨터를 부쉈습니다. 지금도 기억하고 있는 이 두 가지 일은 어머니가 저를 어떤 원칙으로 가르치셨는지 깨닫게 하는 사건이었습니다. 평소 공부에 스트레스를 주지 않으려고 저에게 자유를 주셨지만 저의 행동이 과하다고 판단될 때는 단호하게 대처하셨습니다.

비유하자면 염소를 때려서 강제로 물을 먹게 할 수는 없습니다. 대신 절대로 넘으면 안 될 울타리를 쳐두고 그 안에서 자유롭게 풀어두면 염소는 배가 고플 때 자기가 알아서 물을 먹게 됩니다. 이 글을 읽고 계신 부모님들은 제가 무슨 말을 하고 있는지 아실 겁니다.

06

입시정보 수집은
부모의 몫입니다

부모님들이 해야 할 일은 자녀가 공부를 잘하고 있는지 점검하는 것이 아니라 입시정보를 수집해서 제공해 주는 것이라고 생각합니다.

입시정보는 각 학교들마다 다릅니다. 전형 요소, 반영 과목, 비율, 가중치나 전년도 합격점과 경쟁률 등 체크해야 할 것이 한둘이 아닙니다. 공부하는 학생이 이것을 하게 되면 그것만으로도 상당히 많은 시간이 소모되고 스트레스를 받게 됩니다.

바로 부모님이 그런 정보를 모아서 자녀에게 주셔야 합니다. 입시요강을 자녀와 함께 보며 같이 고민하는 것은 과보호가 아닙니다. 오히려 적극적으로 해주셔야 할 부분입니다. 학교들의 모집요강을 분석하고 그 핵심 내용을 전달해 주면, 자녀는 부모님이 한층 든든하게 느껴지고 '부모님이 나에게 관심이 많고 내 공부를 응원하고 있구나'라는 식으로 심리적인 안정감을 느끼게 됩니다.

다만 입시에 대해서 같이 고민하는 것은 좋지만 '입시제도가 이러니까 너는 이렇게 하자, 저렇게 하자'라고 제안하는 일은 반발심을 부를 수 있습니다. 그냥 '바뀐 제도가 이렇다더라'라는 정도로 그치시고 그래서 어떻게 해야 할지 그 판단은 자녀가 하게 넘겨주세요. 누군가에게 끌려가고 있다고 생각되면 스스로 하던 공부도 갑자기 재미없어집니다.

07

공부에 관해
많은 대화를 나누세요

제가 지켜본 결과, 최상위권 학생들은 대부분 부모와의 대화가 원활합니다. 학생은 그날 학교에서 있었던 일이나 자기가 하는 공부에 대해 먼저 부모님께 이야기합니다. 그러면 부모님은 거기에 대해 자기 생각을 말하지만 그 의견을 꼭 강요하지는 않습니다.

저 역시도 마찬가지였습니다. 어머니는 제가 어렸을 때부터 학교를 마치고 집에 돌아오면 어떤 일이 있었는지 말해보라고 하셨습니다. 그러면 저는 누구랑 싸웠다느니, 누가 내 문제집을 가져가서 안 돌려주고 있다느니, 어떤 과목이 어렵다느니 하는 시시콜콜한 이야기들을 했습니다. 이상한 것은 그렇게 얘기를 하고 나면 머릿속에서 내가 지금 처한 상황이 정리되고 앞으로 해야 할 일이 분명해지는 것입니다. 아직 어머니는 아무 대답도 안 했는데 말이지요.

이것은 회사 같은 사회조직을 생각하면 당연한 일입니다. 조직이

탄탄하고 잘 굴러가는 곳은 부하직원이 먼저 아이디어를 내고, 상사에게 보고하러 옵니다. 그럼 상사는 '지시'하기보다는 '조언'을 합니다. 반대로 망해가는 조직은 상사가 지시를 남발하면서 부하직원을 쪼아대지만 밑의 직원은 이리저리 피해 다닐 뿐 제대로 일하지 않습니다.

그러니 대화가 원활하려면 부모님이 자녀를 인정해 주는 태도를 보이는 게 필수입니다. 저는 제가 잘못한 일들도 이야기할 때가 있었는데 그럴 때도 어머니는 화를 내기보다는 질문으로 반응하셨습니다.

예를 들면 제가 "오늘 수학시험은 40점을 받았어요"라고 하면 어머니는 "속상했겠네. 왜 그렇게 나온 것 같아?"라든가 "그래서 다음에는 어떻게 공부하려고?"라는 식으로 되묻습니다. 그래서 제가 어떻게 하겠다고 하면 "좋은 생각이네. 역시 알아서 잘하네!"라는 식으로 대답하거나 "이런 식으로 해보는 건 별로야?" 하고 넌지시 방향을 잡아주셨습니다. 만약 제가 40점을 받았다고 하는 순간 어머니가 "뭐? 야 그게 점수냐? 그런 점수 받은 애가 너 말고 또 있어?"라고 하셨다면 저는 아마 다시는 어머니와 공부에 관해서 이야기하지 않았을 거라는 생각이 듭니다.

하루 중에 어떤 일이 있었는지 물어보세요. 그리고 섣불리 판단하지 마시고 "그랬구나." 하면서 그냥 다 들어주세요. 자녀가 뭔가 잘못하고 있는 것 같아도 곧바로 윽박지르거나 결론을 말씀하지 말고, 학생이 스스로 정답을 발견할 때까지 참아주세요. 그래야 비로소 자녀 스스로 자신의 상황을 정리하고 해답을 찾는 능력을 기를 수 있습니다.

박철범의
하루 공부법

초판 1쇄 발행 2009년 12월 15일
개정판 1쇄 발행 2015년 11월 27일
개정2판 1쇄 발행 2022년 11월 10일
개정2판 4쇄 발행 2023년 7월 14일

지은이 박철범
펴낸이 김선식

경영총괄이사 김은영
콘텐츠사업2본부장 박현미
책임편집 김단비 **책임마케터** 오서영
콘텐츠사업7팀장 김민정 **콘텐츠사업7팀** 김단비, 권예경, 이한결
편집관리팀 조세현, 백설희 **저작권팀** 한승빈, 이슬, 윤제희
마케팅본부장 권장규 **마케팅1팀** 최혜령, 오서영
미디어홍보본부장 정명찬 **영상디자인파트** 송현석, 박장미, 김은지, 이소영
브랜드관리팀 안지혜, 오수미, 문윤정, 이예주 **지식교양팀** 이수인, 염아라, 김혜원, 석찬미, 백지은
크리에이티브팀 임유나, 박지수, 변승주, 장세진, 김화정 **뉴미디어팀** 김민정, 이지은, 홍수경, 서가을
재무관리팀 하미선, 윤이경, 김재경, 이보람, 박성완
인사총무팀 강미숙, 김혜진, 지석배, 박예찬, 황종원
제작관리팀 이소현, 최완규, 이지우, 김소영, 김진경, 양지환
물류관리팀 김형기, 김선진, 한유현, 전태환, 전태연, 양문현, 최창우
외부스태프 표지 디자인 studio forb 본문 디자인 정윤경 표지 일러스트 붉키드

펴낸곳 다산북스 **출판등록** 2005년 12월 23일 제313-2005-00277호
주소 경기도 파주시 회동길 490 다산북스 파주사옥
전화 02-704-1724 **팩스** 02-703-2219 **이메일** dasanbooks@dasanbooks.com
홈페이지 www.dasanbooks.com **블로그** blog.naver.com/dasan_books
용지 IPP **인쇄 및 제본** 갑우문화사 **코팅 및 후가공** 제이오엘앤피

ISBN 979-11-306-9485-6 (13370)

· 책값은 뒤표지에 있습니다.
· 파본은 구입하신 서점에서 교환해드립니다.
· 이 책은 저작권법에 의하여 보호를 받는 저작물이므로 무단 전재와 복제를 금합니다.

다산북스(DASANBOOKS)는 독자 여러분의 책에 관한 아이디어와 원고 투고를 기쁜 마음으로 기다리고 있습니다.
책 출간을 원하는 아이디어가 있으신 분은 다산북스 홈페이지 '원고투고'란으로 간단한 개요와 취지, 연락처 등을 보내주세요.
머뭇거리지 말고 문을 두드리세요.